ALL ABOUT THAT BASS

50 SONGS FÜR BASS
MIT FORMTEILEN UND TABULATUR

Bosworth Music GmbH
*The **Music Sales** Group*

Dieses Buch soll eine Brücke zwischen klassischem Songbook, Transkriptionsbuch und Lehrbuch für das Bassspielen sein.

Musik ist wie eine Sprache: man lernt Wörter, Sätze und übliche Wort- und Satzfolgen und setzt sie im Laufe der Zeit selbstständig ein. So haben wir alle als Kinder unsere Muttersprache gelernt. Wir haben den „Großen" um uns herum nachgeredet, ohne dass wir groß darüber nachgedacht haben. Wir haben durch das Zuhören und Imitieren sprechen gelernt. „Learning by Doing".

Daher ist meiner Meinung nach der beste Lehrer, den wir haben können, die aufgenommene Musik. In Musikaufnahmen sind die wichtigsten Informationen zum Erlernen des Bassspiels für uns erhalten. Das Musizieren anhand von Songaufnahmen zu erlernen macht nicht nur Spaß, sondern lässt sich auch durch kein noch so gutes Lernkonzept ersetzen.

Wer mit diesem Buch lernen möchte, sollte die Grundidee des „Learning by Doing" daher beherzigen.

Das Buch, in dem wir 50 Songs einer großen stilistischen Bandbreite zusammengesetzt haben, eignet sich aber auch, um darin herumzustöbern und Spaß am Mitspielen bekannter Songs zu haben. Du findest darin Basslinien, die den Originalaufnahmen entnommen wurden. Manchmal vereinfacht, manchmal detailliert.

Ich habe Passagen an jenen Stellen detaillierter arrangiert, an denen ich es für musikalisch sinnvoll erachtet habe. Es gibt Songs, bei denen der Bass funktionell mal mehr und mal weniger im Hintergrund steht. Bei anderen ist er prägnanter und die vielen vorhandenen Variationen machen dann einen wichtigen Teil des Songs aus.

Beispielsweise beim Song „Sir Duke" von Stevie Wonder, welches zu den detaillierteren Arrangements dieses Buches gehört, kann man nachvollziehen wie der Bassist das Stück aufbaut und im Verlauf des Songs seine Variationen dichter gestaltet, was für die Dynamik und die Entwicklung des Stücks von großer Wichtigkeit ist.

Bei den TABs habe ich Lagen ausgesucht, die für möglichst viele verschiedene Basstypen, verschiedene Besaitungen und Einstellungen der Saitenlage den erwünschten Sound der Aufnahmen reproduzieren.

Bei dem einen oder anderen Instrument lohnt es sich, alternative Lagen selbst auszuprobieren. Ein Song wie „Ain't No Mountain High Enough" ist zum Beispiel bewusst mit vielen Passagen in erster Lage notiert, in der es im Original die meiste Zeit gespielt worden ist. Das Original ist jedoch mit sehr dicken abgeschliffenen Saiten und hohem Saitenabstand gespielt worden, was ein Lagenspiel ähnlich dem eines Kontrabasses ermöglicht. Mit einer „moderneren" Einstellung mit flacherer Saitenlage inkl. Roundwound-Saiten kann man daher Schwierigkeiten haben, auf der G-Saite den erwünschten dicken Ton zu reproduzieren. Ich empfehle in diesem Fall zum einen, die Tonblende zurückzurollen und zum anderen manches, was in der TAB auf der G-Saite notiert ist, auf die D-Saite zu übertragen.

Wenn du den Song „Could You Be Loved" mit der Aufnahme spielen möchtest, solltest du zuerst deinen Bass mit Hilfe des Flageoletts am 5. Bund der G-Saite zum Song stimmen, da dieser nicht in 440-Hz-Stimmung auf Platte gepresst wurde.

Generell empfehle ich, die Originalaufnahmen und deinen Bass beim Spielen mit „guten" Kopfhörern mitzuhören. Mit einem kleinen Mischpult oder einem Interface am Rechner kannst du bei der Originalaufnahme eine Bassabsenkung (Lowcut) einstellen, um dir so „Platz" für deinen eigenen Bass im Mix zu verschaffen. Anders ist es schwer die Songs mitzuspielen, da sie so gemischt wurden, dass der gesamte Frequenzbereich abgedeckt und daher oft kein „Platz" in der Musik für deinen Bass übrig ist.

Wenn du in dem Buch Basslinien und Fills entdeckst, die dir besonders gefallen, empfehle ich, diese aus dem Kontext des Songs herauszunehmen, um die Passagen für sich stehend in verschiedenen Tonarten (zum Beispiel im Quintenzirkel) zu spielen. Diese Übungsmethode erlaubt dir, dir deine Lieblingsbasslinien schneller zu eigen zu machen um das darin enthaltene Material intuitiv für Eigenes benutzen zu können.

Fühle dich ermutigt, eigenständig Basslinien rauszuhören und deinen Weg zu finden, daraus zu lernen und daran zu wachsen. Viel Spaß mit dem Buch und den Songs!

Leon Schurz ist ein in Berlin lebender Bassist und Gitarrist mit einer großen Bandbreite an verschiedenen musikalischen Arbeitsfeldern.

Er beeindruckt insbesondere durch die Diversität seiner Tätigkeiten: von Session-Bassist und -Gitarrist im Live- und Studio-Bereich bis hin zur Arbeit als Komponist, Produzent, Autor, Bandleader und Musikalischer Leiter.

Als Sohn einer Amerikanerin und eines Deutschen in Berlin geboren, zieht er als Kind mit seinen Eltern zunächst in die Elfenbeinküste nach Westafrika, kommt als Neunjähriger zurück nach Deutschland und wächst dann kosmopolitisch zwischen Frankreich, Mali, Senegal und Berlin pendelnd auf.

Als Teenager lernt er Klavier, Gitarre und Kontrabass zu spielen, singt, spielt und schreibt Songs in seinen ersten Bands und beginnt in mehreren Jazz Big Bands Bass zu spielen.

Mit zwanzig Jahren ist er in der Berliner Jazzszene aktiv, arbeitet mit amerikanischen Jazzmusikern wie Rudy Stevenson (Gitarrist und Produzent u.a. von Nina Simone), studiert Kontrabass an der Musikhochschule Hanns Eisler in Berlin, schreibt parallel Pop- und R&B-Songs und gründet verschiedene Bands. Ein Plattenvertrag bei Sony Music/FOUR Music und ein Autorenvertrag bei Global Chrysalis mit der eigenen Band folgen. Mit seiner „NuSoul" Band Sedoussa, arbeitet er als Co-Produzent und Komponist mit Andreas Herbig (u.a. Produzent von Udo Lindenberg, AHA, Bootsy Collins u.v.m.).

Heute arbeitet Leon Schurz in wechselnden Teams als Sessionmusiker, Produzent und Komponist für verschiedene Veröffentlichungen und Live-Produktionen, z.B. hat er mit Künstlern wie Cassandra Steen, Patrice, Marteria u.v.m. live gespielt, war Musikalischer Leiter von Künstlern wie dem Grammy-Prämierten Jonas Myrin, hat im Studio als Session-Musiker für Künstler wie Tricky gespielt und als Komponist mit Künstlern wie Aloe Blacc zusammengearbeitet. Er ist außerdem festes Mitglied der Band des Sängers Fetsum und dessen Co-Komponist/Produzent.

A Little Less Conversation

Elvis Presley
(JXL Remix)

Words & Music by Mac Davis &
Billy Strange

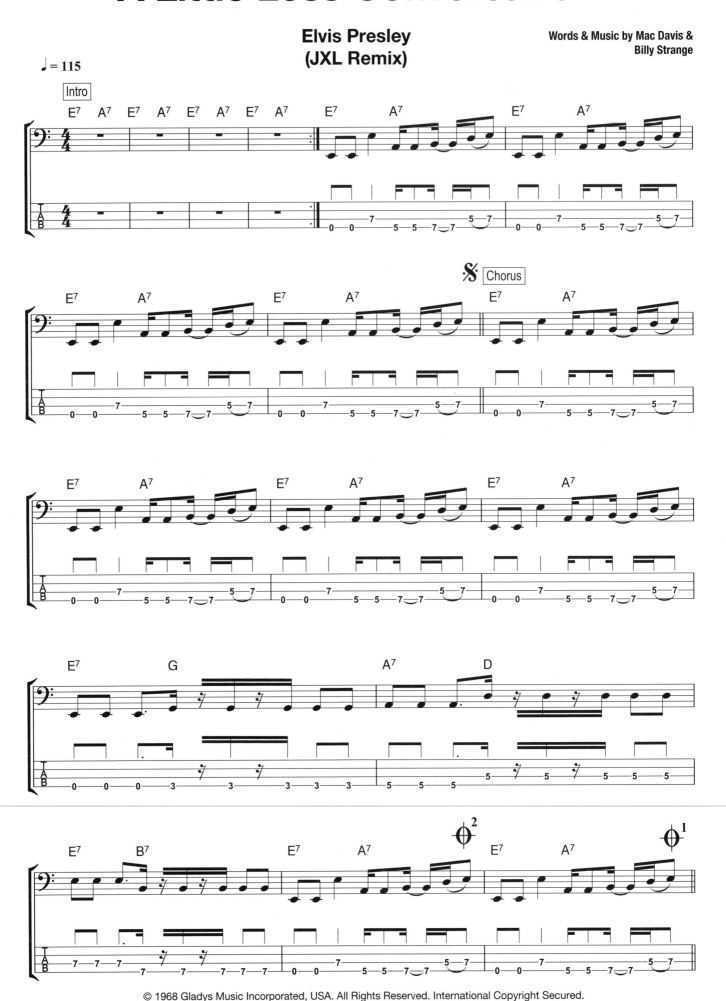

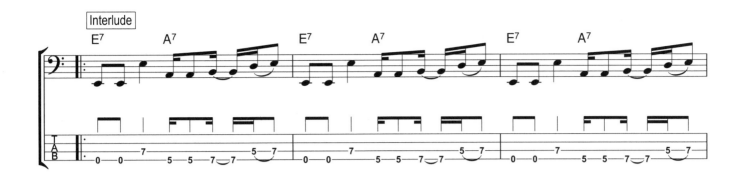

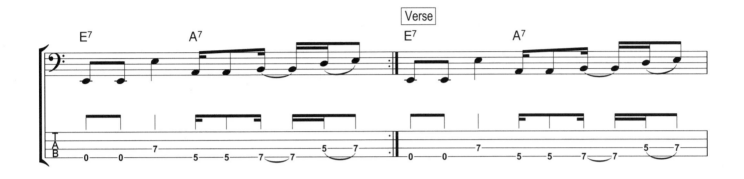

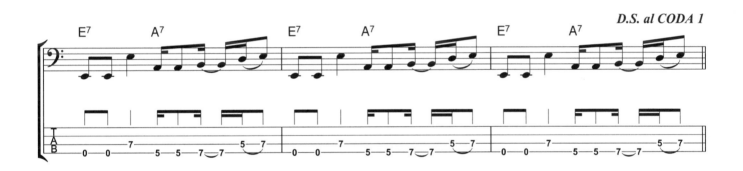

7

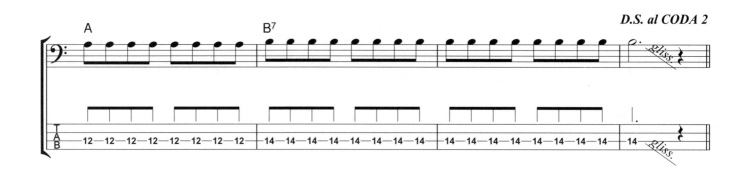

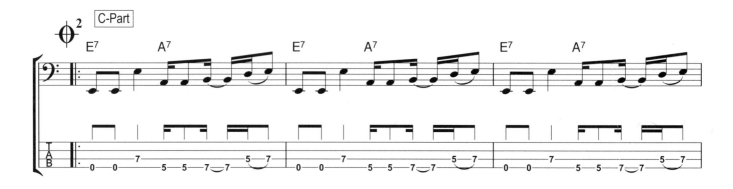

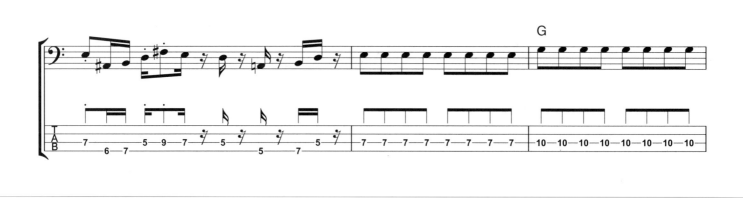

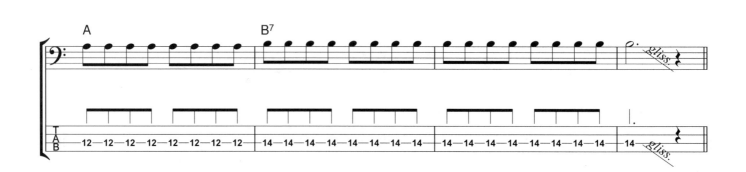

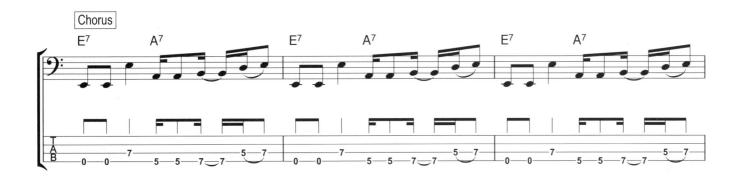

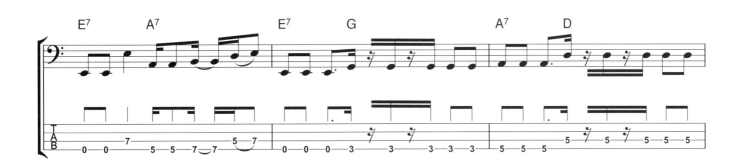

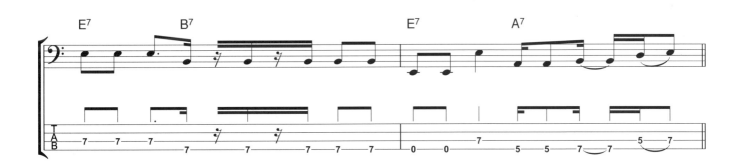

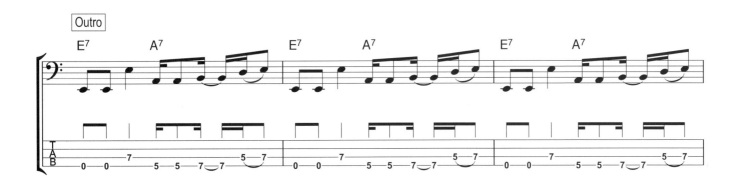

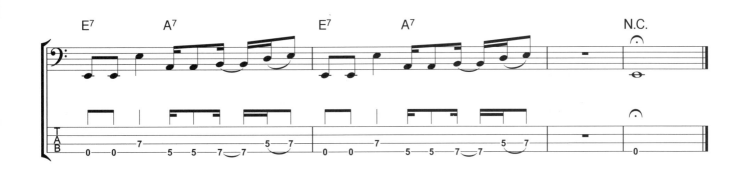

Can't Stop The Feeling!

Justin Timberlake

Words & Music by Justin Timberlake,
Max Martin & Shellback

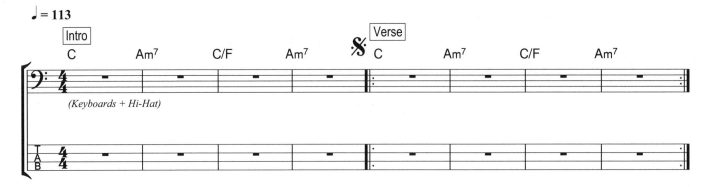

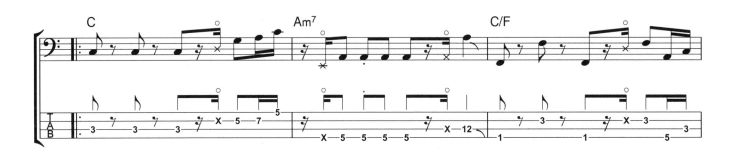

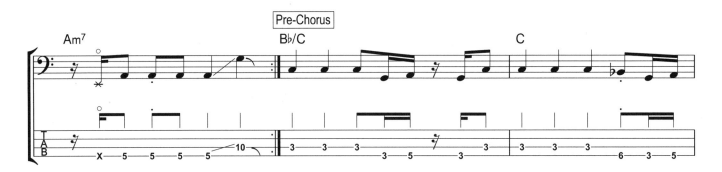

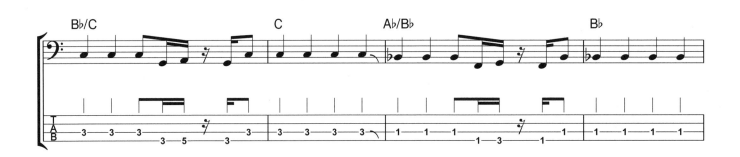

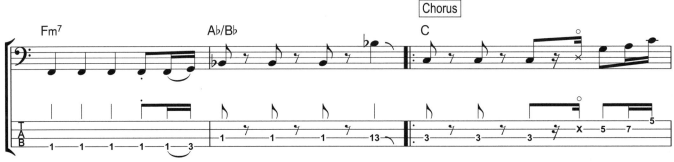

Rock Steady

Aretha Franklin

Words & Music by Aretha Franklin

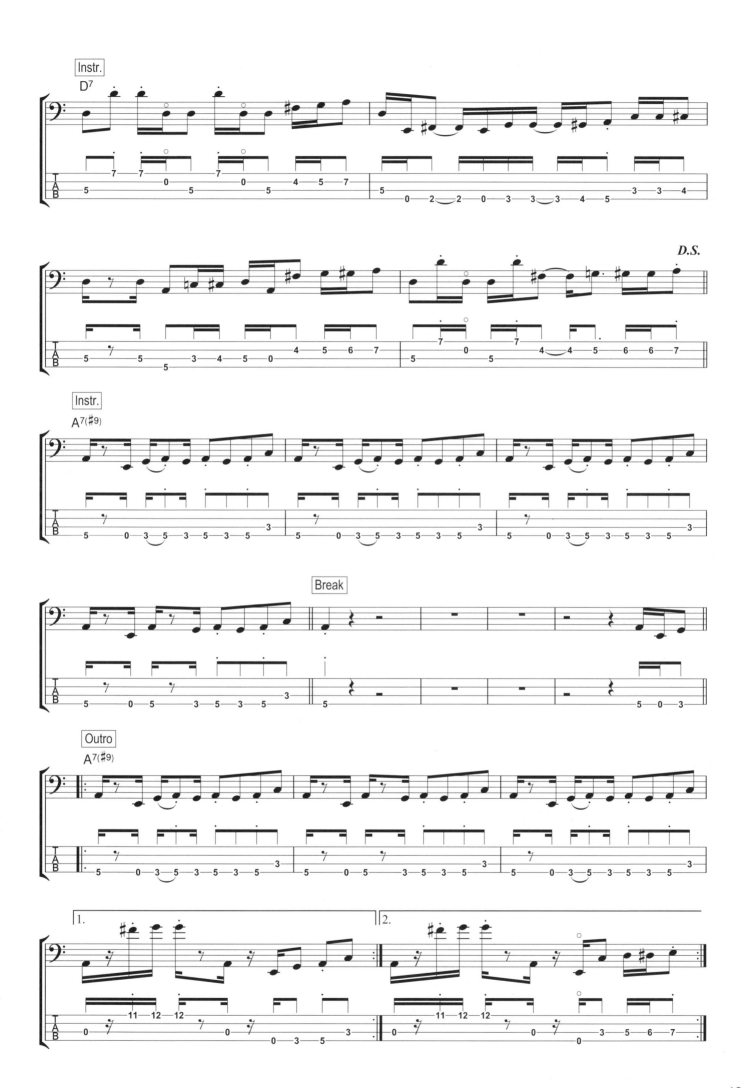

Get Up, Stand Up

Bob Marley & The Wailers

Words & Music by Bob Marley &
Peter Tosh

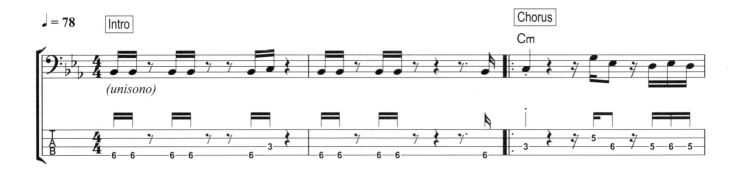

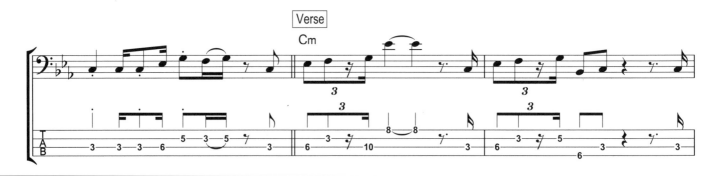

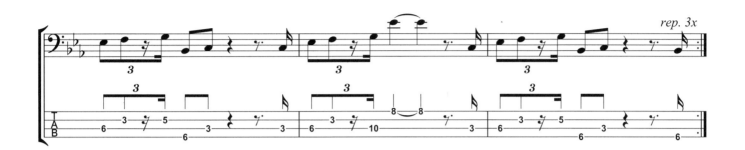

rep. 3x

Outro

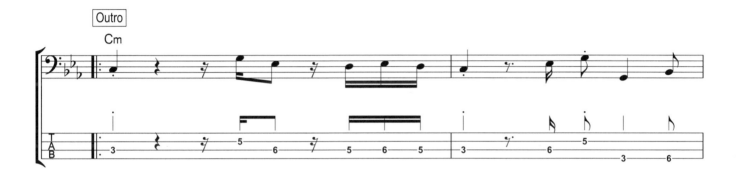

rep. ad lib.

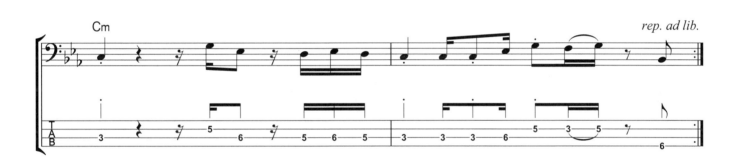

Blame It On Me

George Ezra

Words & Music by Joel Pott &
George Ezra Barnett

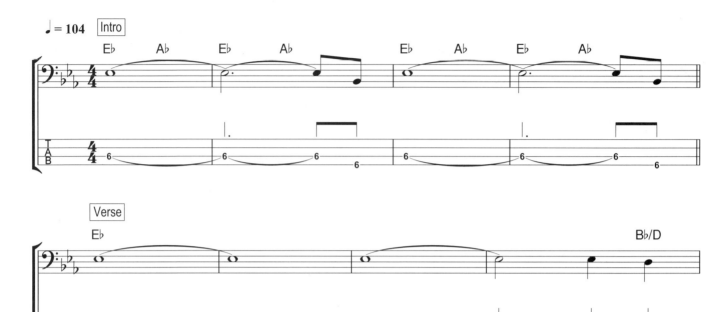

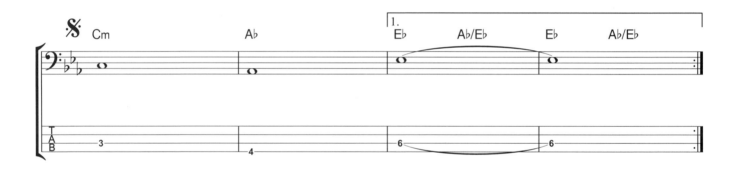

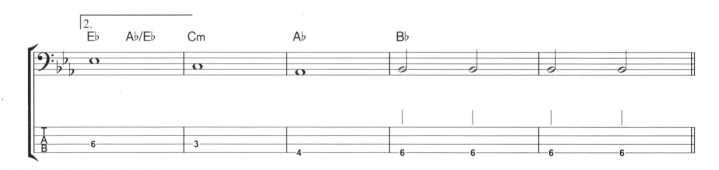

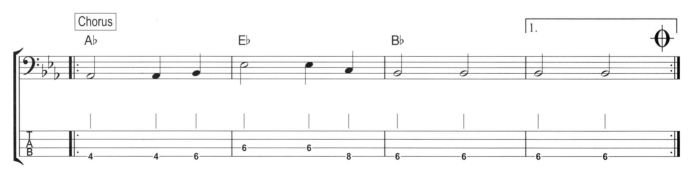

Blame It On The Boogie

The Jacksons

Words & Music by Elmar Krohn, Thomas Meyer,
Hans Kampschroer, Michael Jackson Clark &
David Jackson Rich

♩ = 113   Intro

Bdim

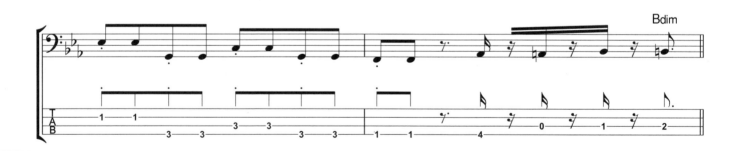

Verse

Cm⁷   Eb¹³   Cm⁷

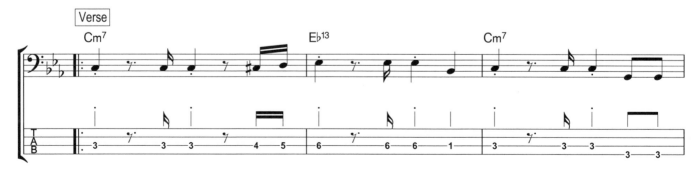

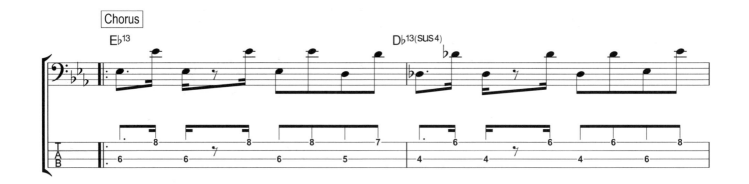

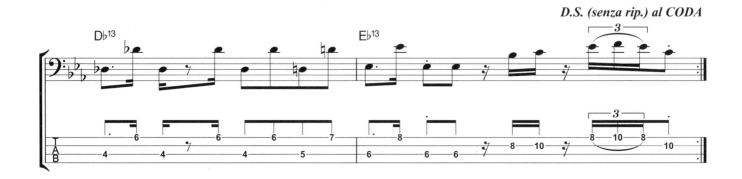

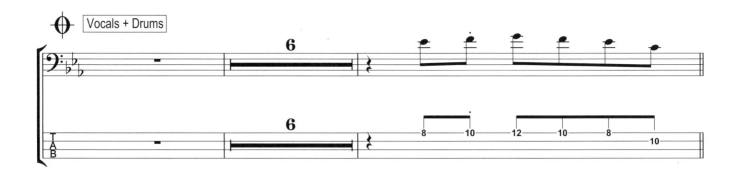

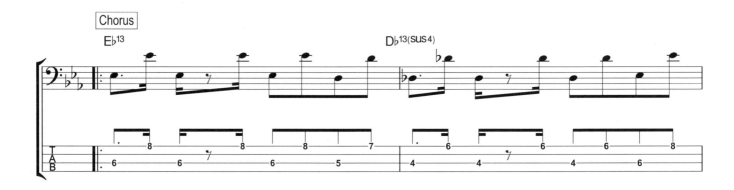

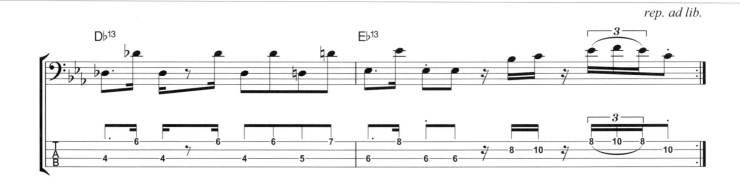

Adventure Of A Lifetime

Coldplay

Words & Music by Guy Berryman, Christopher Martin,
Jon Buckland, Will Champion, Mikkel Eriksen &
Tor Erik Hermansen

♩ = 112

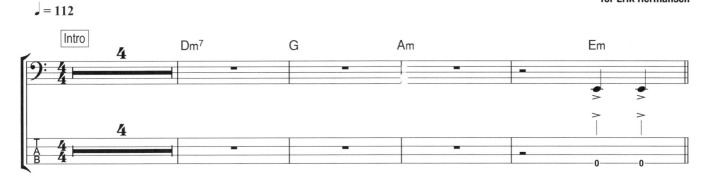

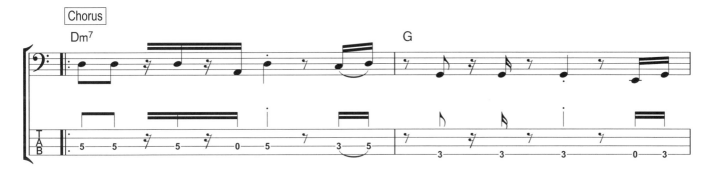

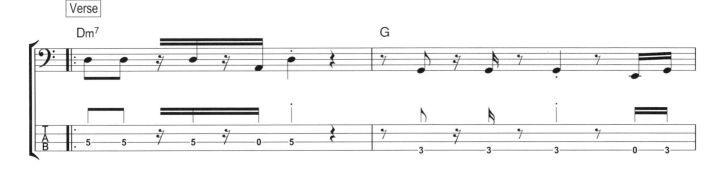

© 2015 Universal Music Publishing MGB Limited/EMI Music Publishing Limited.
All Rights Reserved. International Copyright Secured.

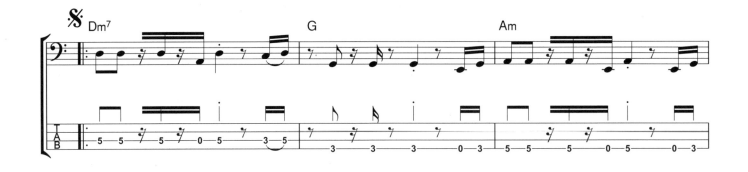

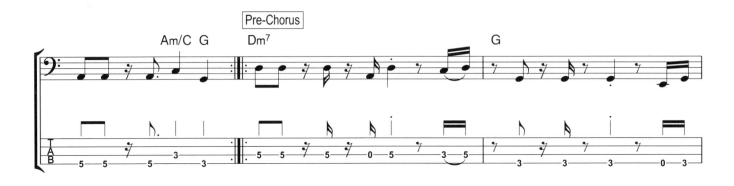

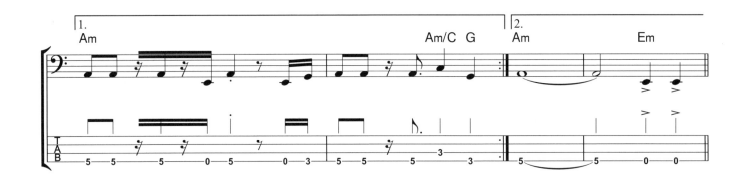

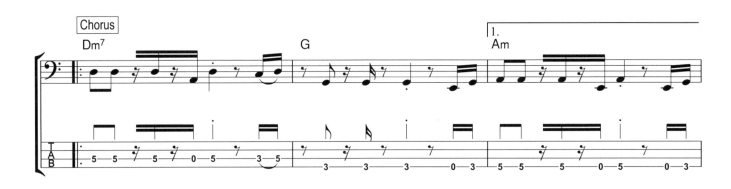

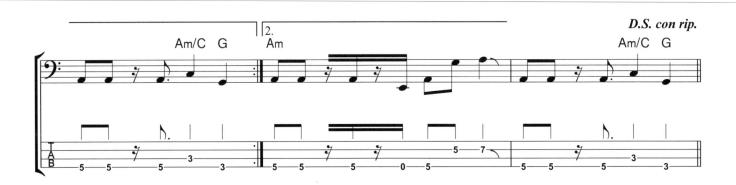

Hot Stuff

Donna Summer

Words & Music by Pete Bellotte,
Harold Faltermeyer & Keith Forsey

Sir Duke

Stevie Wonder

Words & Music by Stevie Wonder

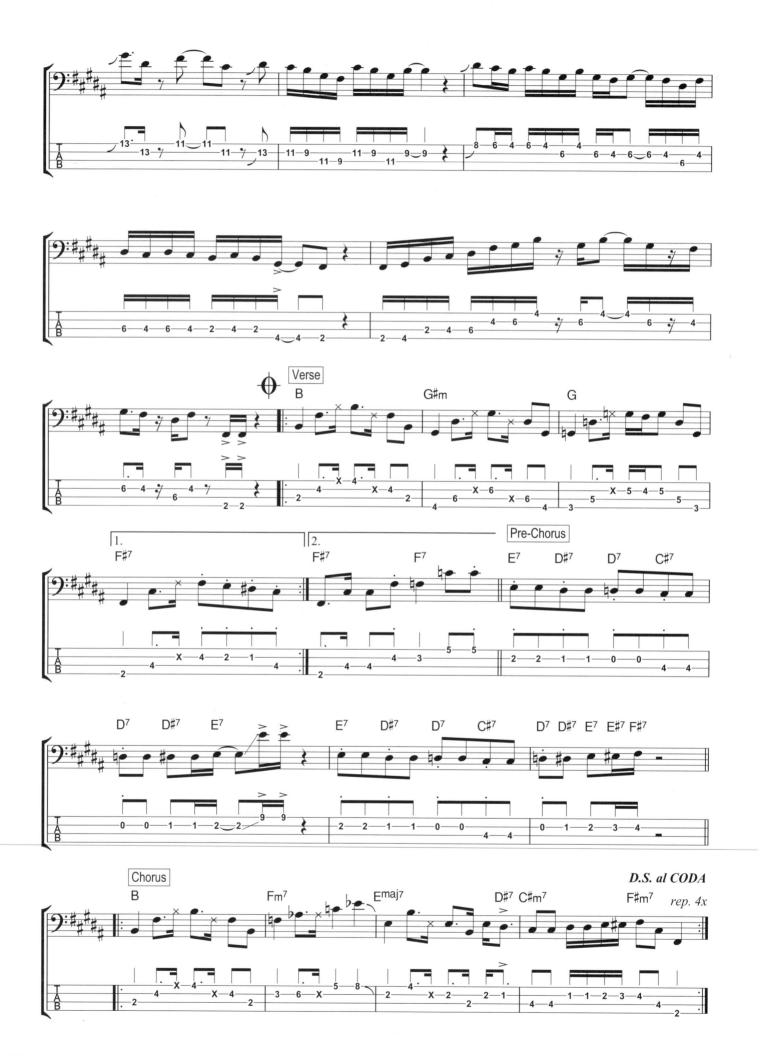

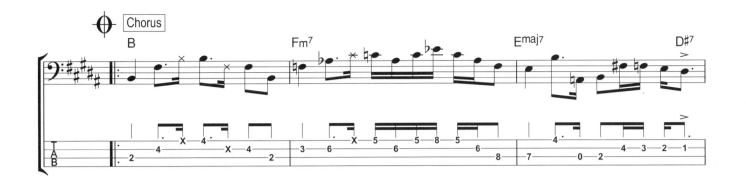

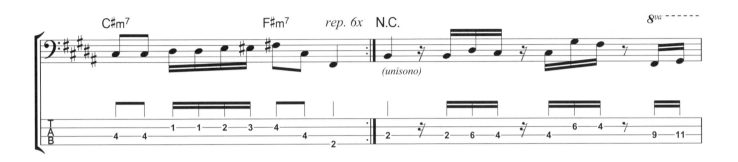

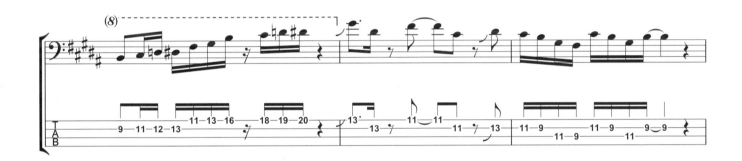

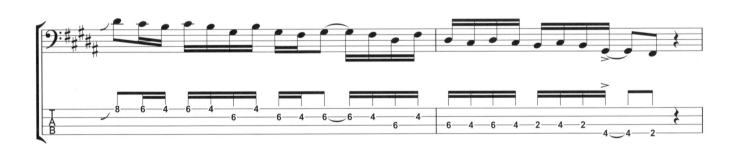

Locked Out Of Heaven

Bruno Mars

Words & Music by Ari Levine,
Philip Lawrence & Peter Hernandez

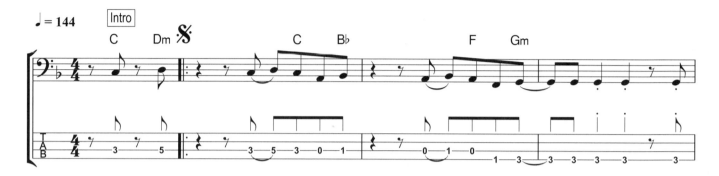

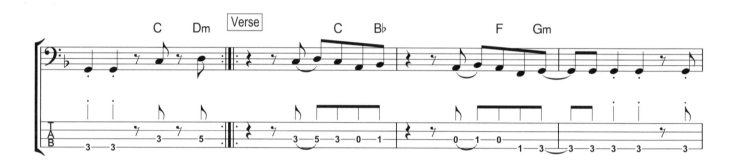

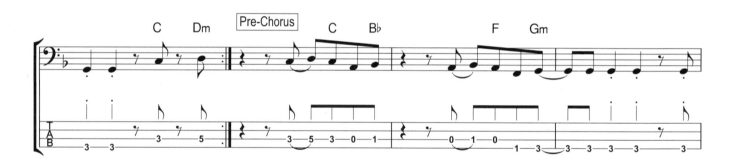

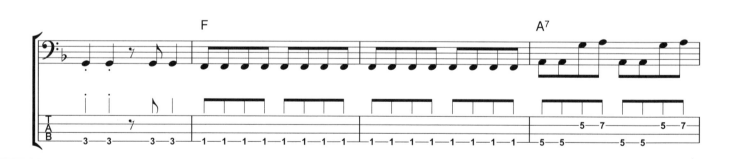

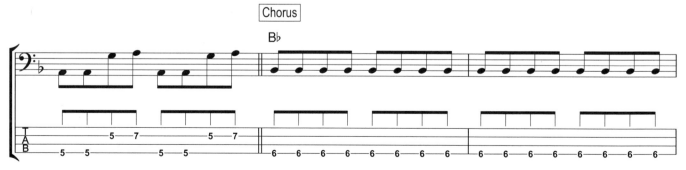

D.S. con rip. al CODA

Dancing Queen

ABBA

Words & Music by Benny Andersson,
Stig Anderson & Björn Ulvaeus

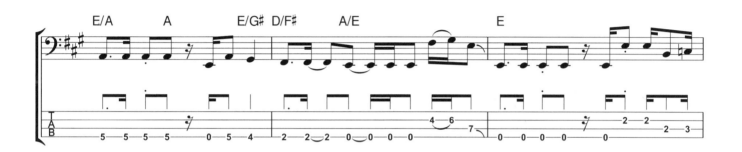

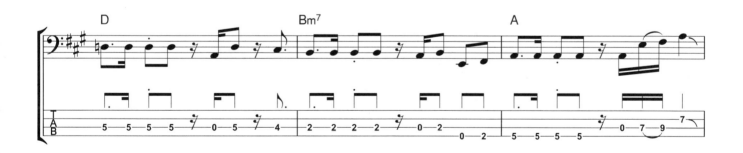

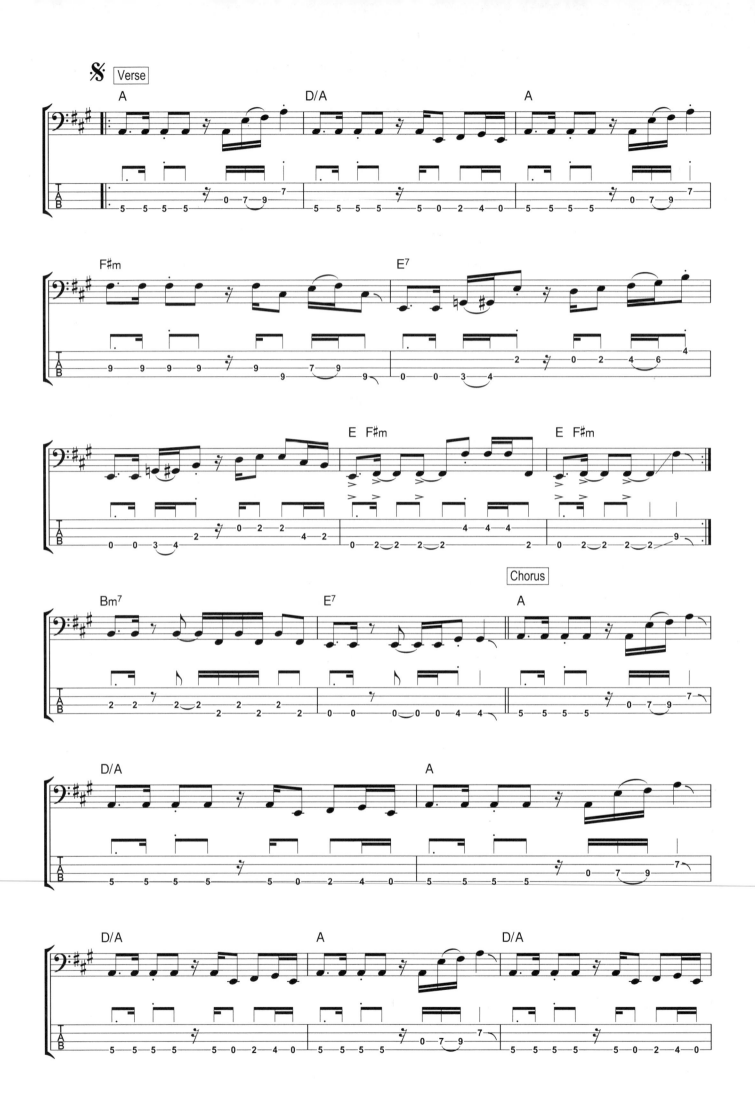

All About That Bass

Meghan Trainor

Words & Music by Kevin Kadish &
Meghan Trainor

I Wanna Dance With Somebody (Who Loves Me)

Whitney Houston

Words & Music by George Merrill &
Shannon Rubicam

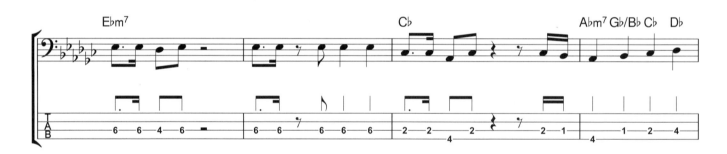

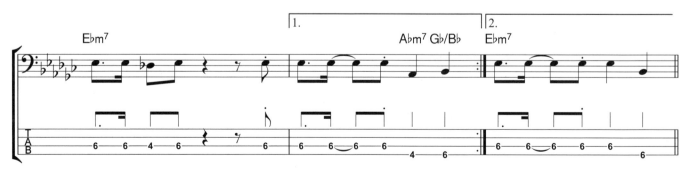

September

Earth Wind & Fire

Words by Maurice White, Allee Willis
Music by Al McKay & Maurice White

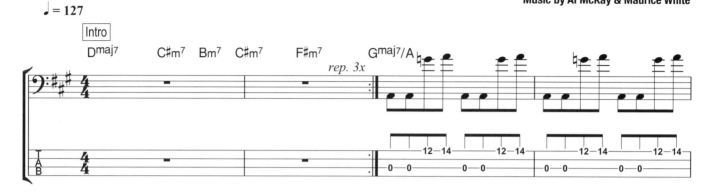

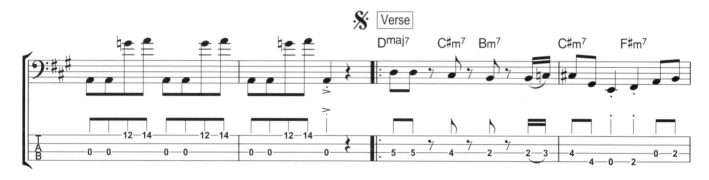

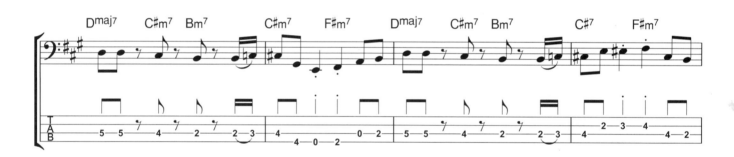

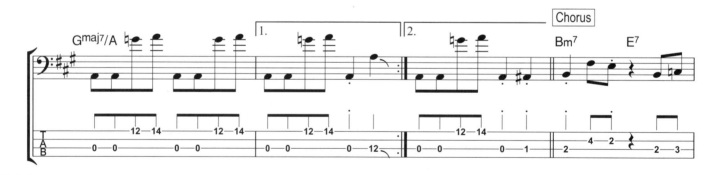

43

Finally

Ce Ce Peniston

Words & Music by Felipe Delgado,
Rodney Jackson, Ce Ce Peniston & E.L. Linnear

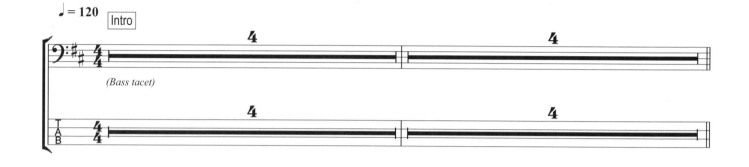

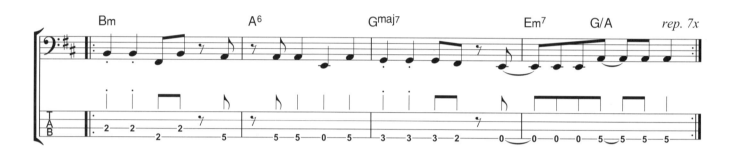

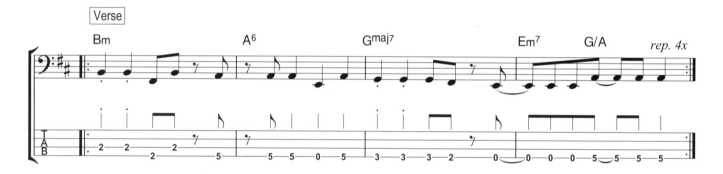

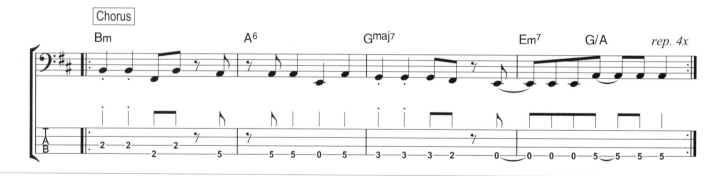

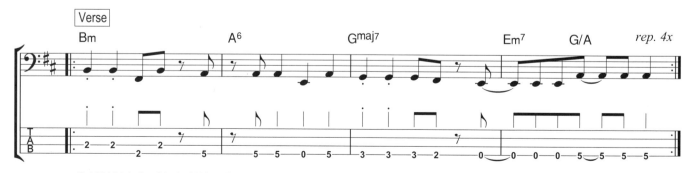

Gimme! Gimme! Gimme! (A Man After Midnight)

ABBA

Words & Music by Benny Andersson & Björn Ulvaeus

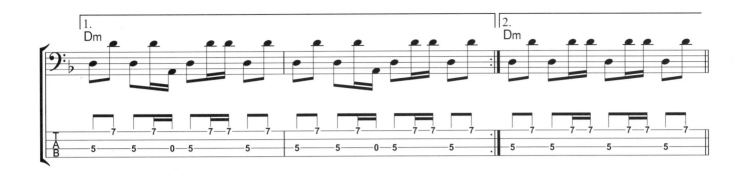

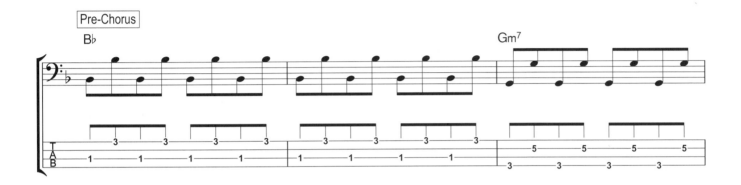

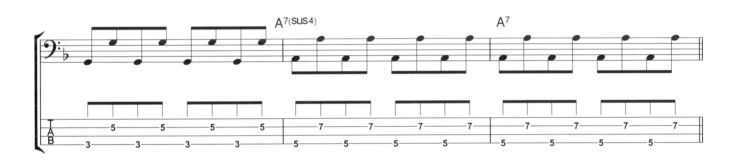

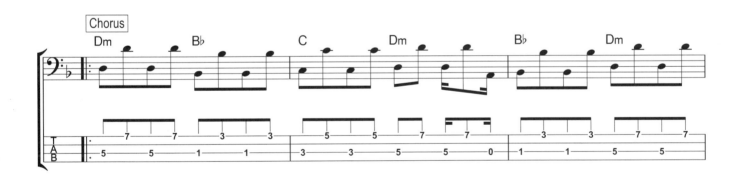

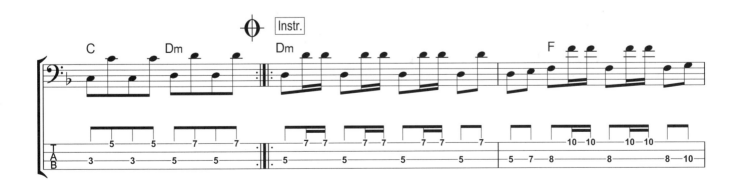

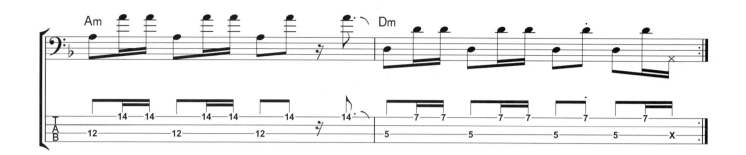

D.S. al CODA

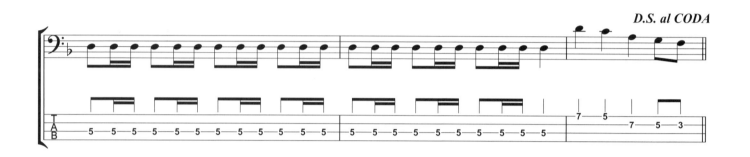

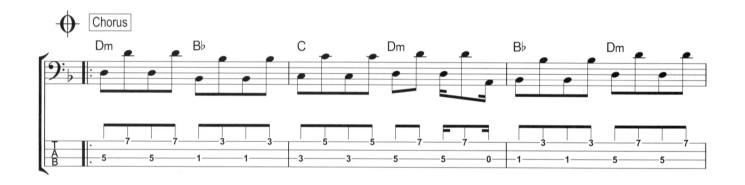

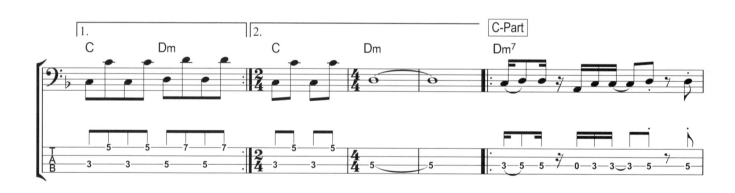

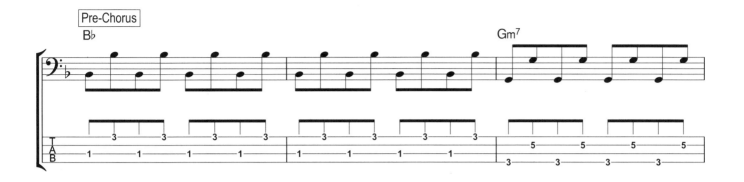

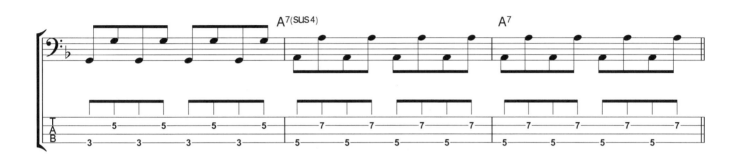

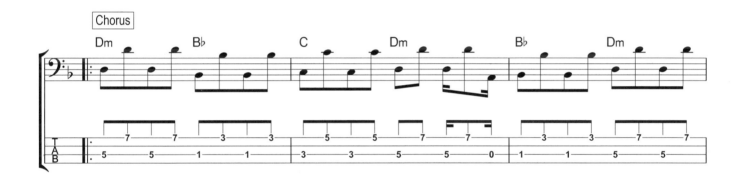

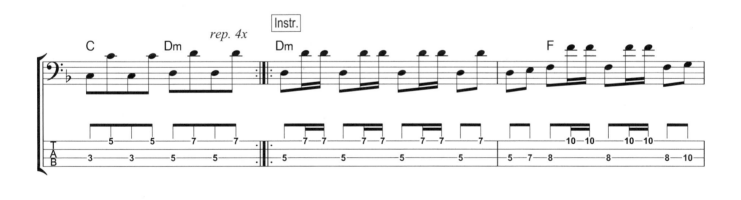

All Night Long

Lionel Richie

Words & Music by Lionel Richie

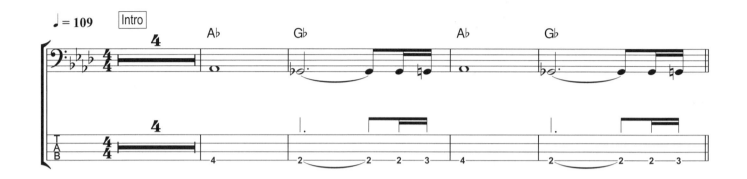

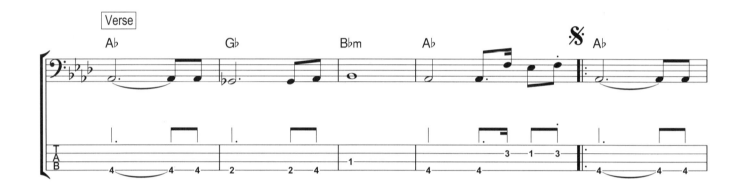

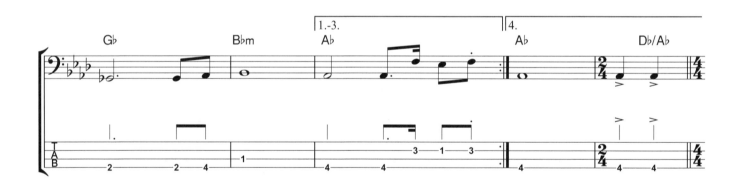

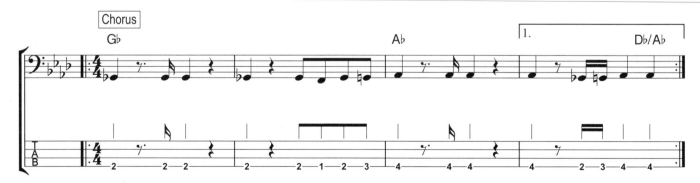

Clocks

Coldplay

Words & Music by Guy Berryman, Jonathan Buckland,
William Champion & Christopher Martin

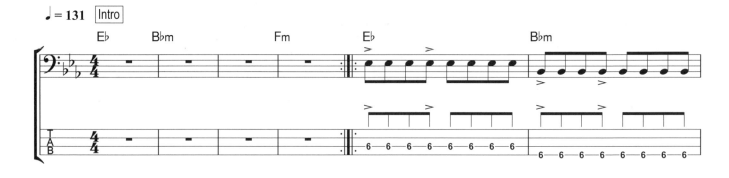

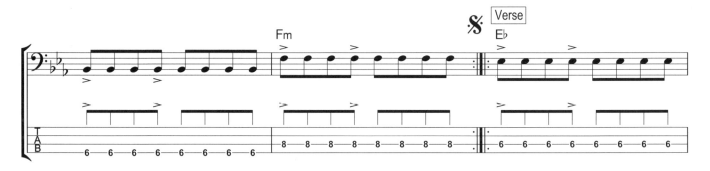

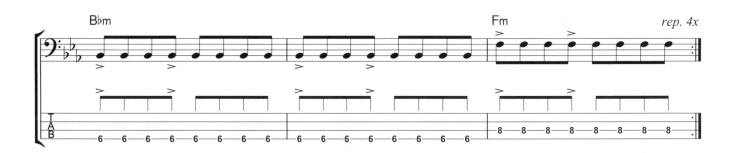

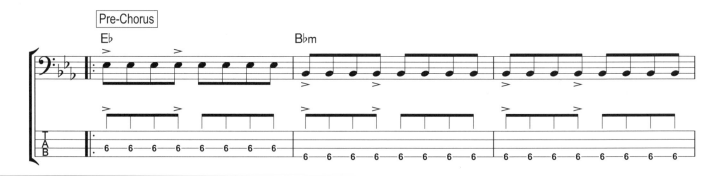

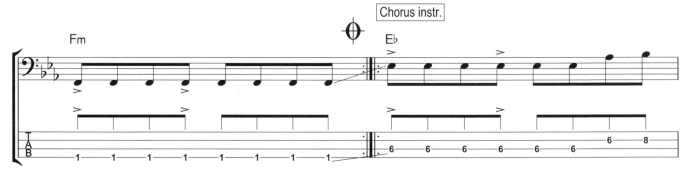

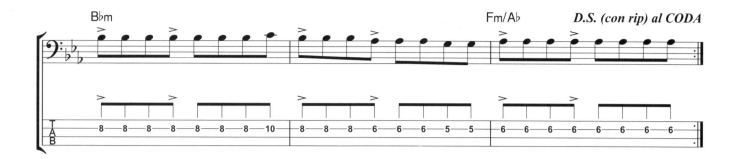

D.S. (con rip) al CODA

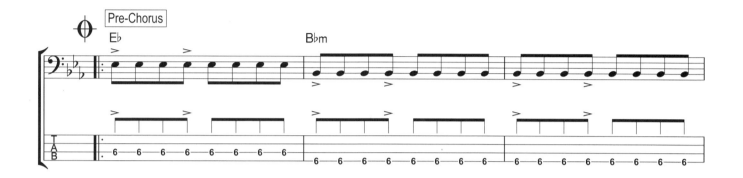

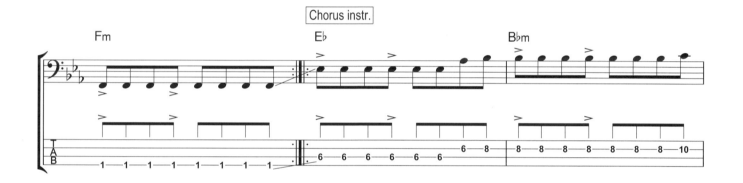

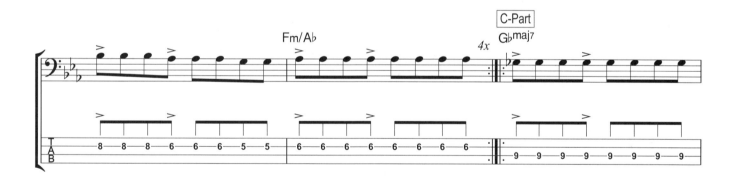

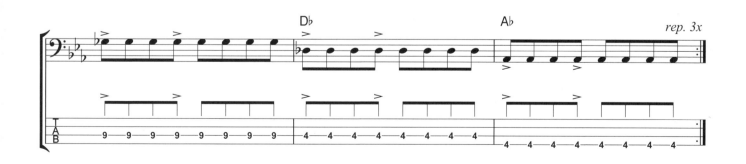

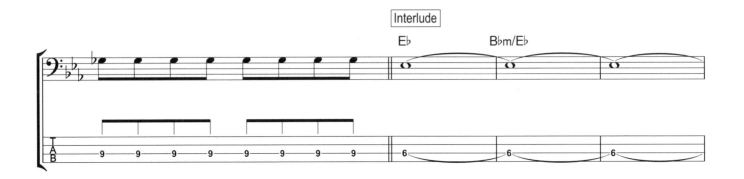

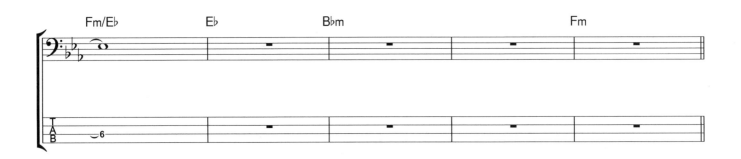

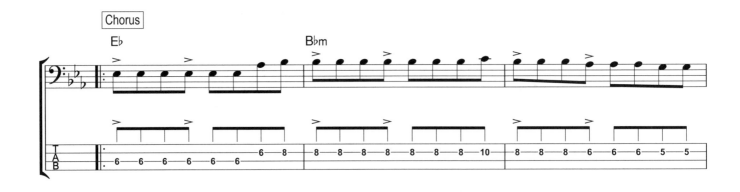

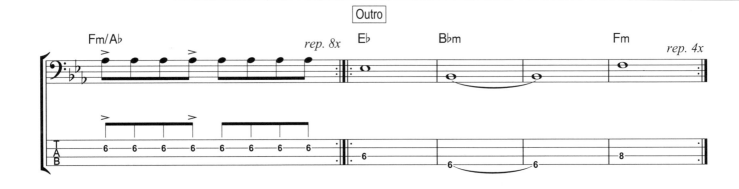

Dance With Somebody

Mando Diao

Words & Music by Björn Dixgård &
Gustaf Norén

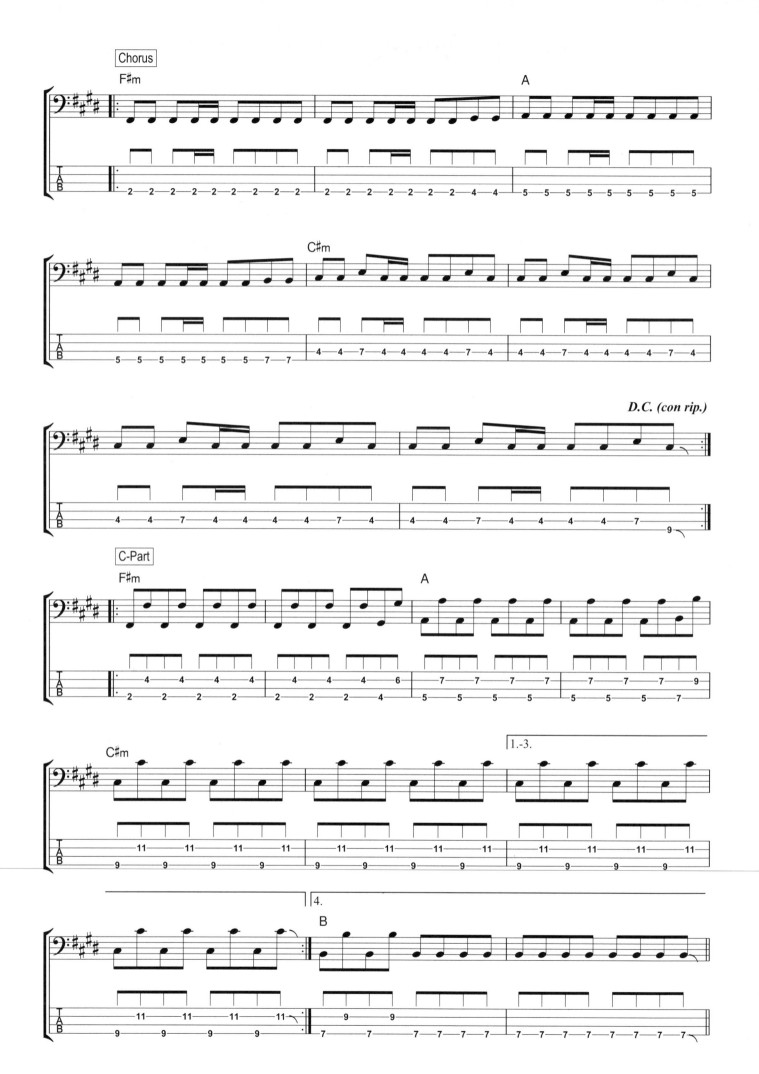

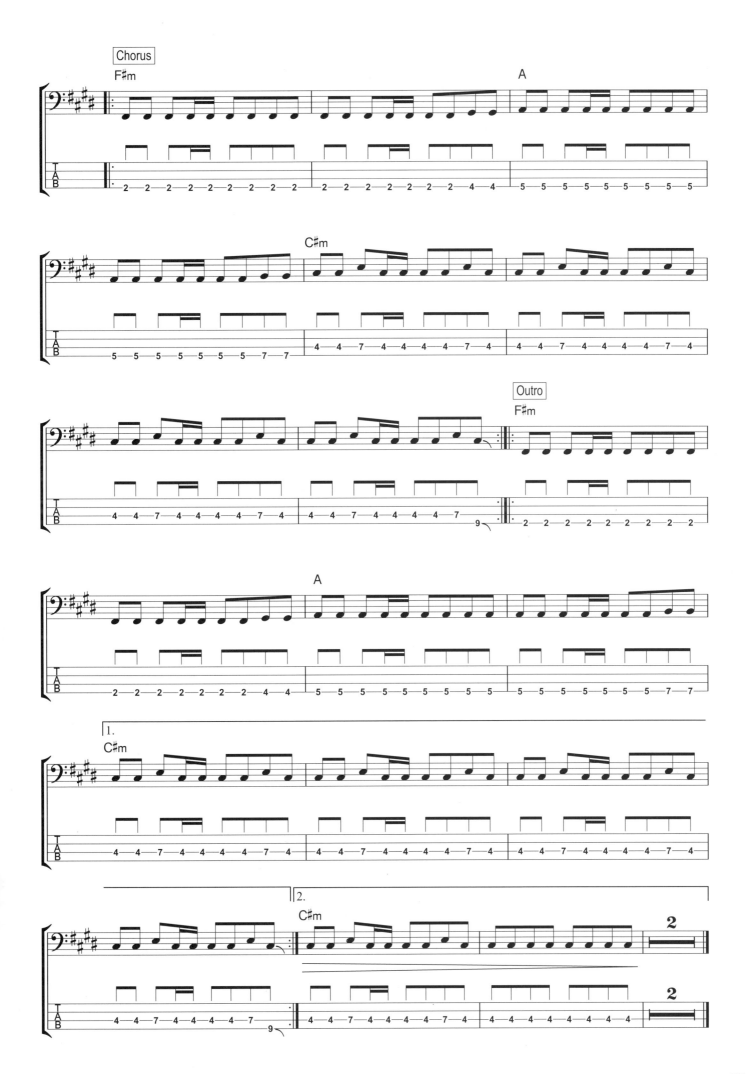

Killing In The Name

Rage Against The Machine

Words & Music by Tim Commerford, Tom Morello, Brad Wilk & Zack De La Rocha

Stimmung: Drop D

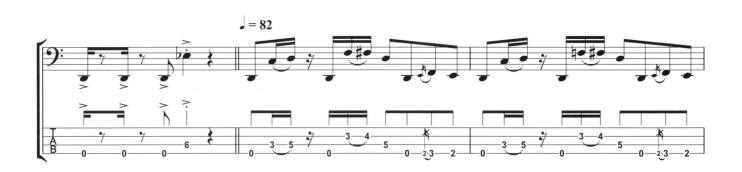

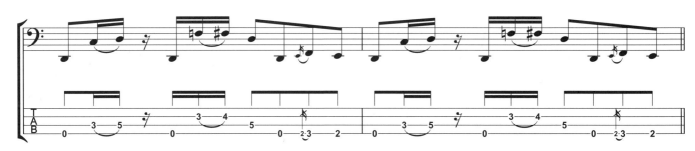

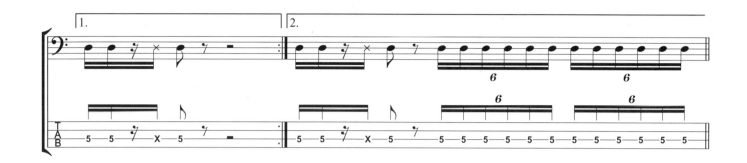

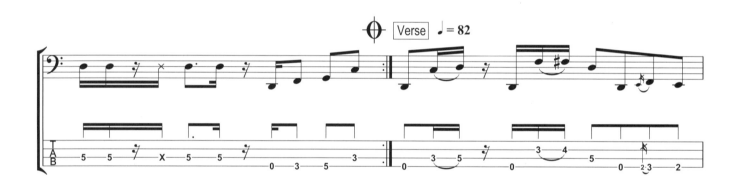

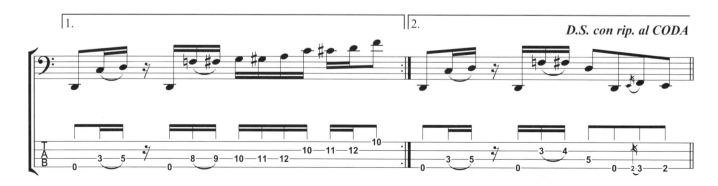

Stayin' Alive

Bee Gees

Words & Music by Barry Gibb,
Maurice Gibb & Robin Gibb

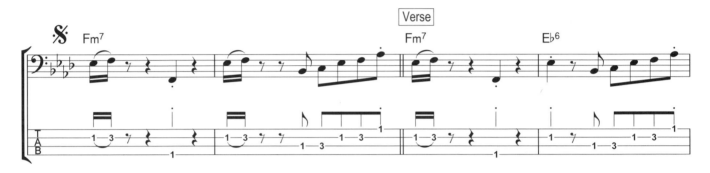

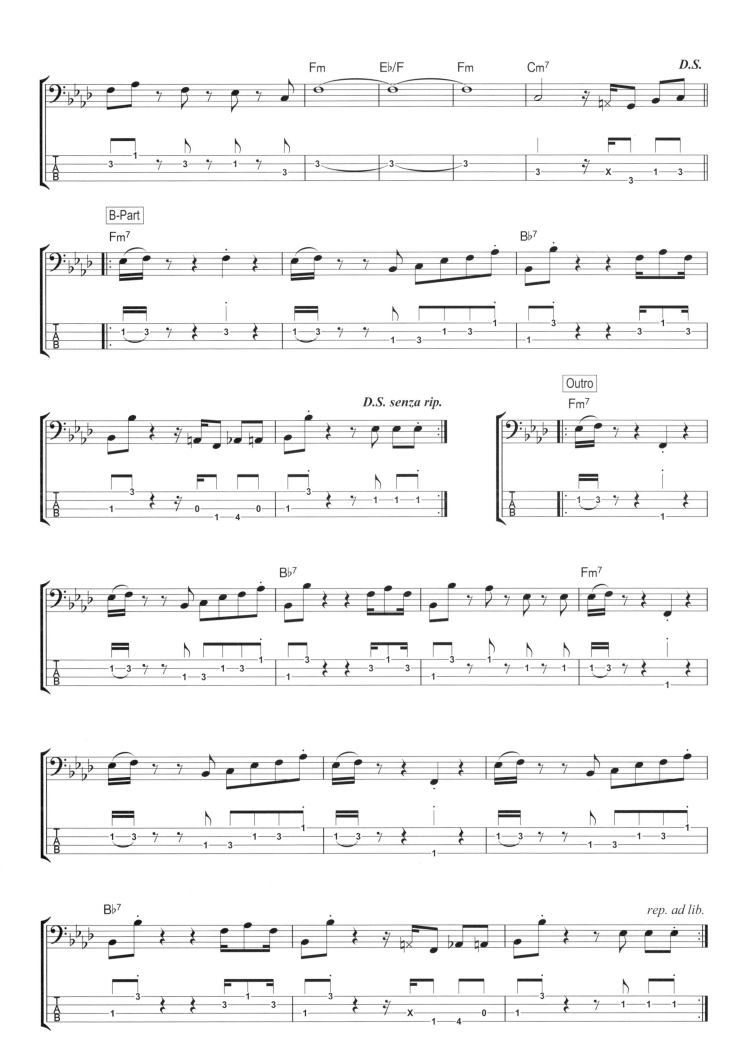

Word Up

Cameo

Words & Music by Larry Blackmon &
Tomi Jenkins

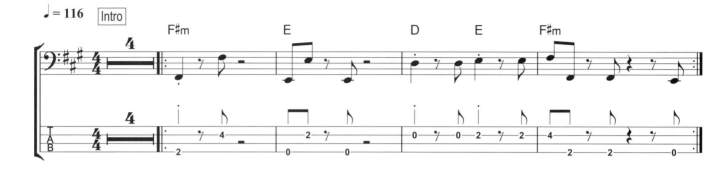

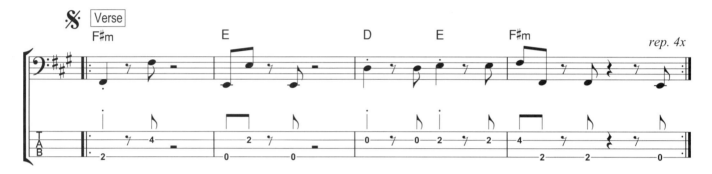

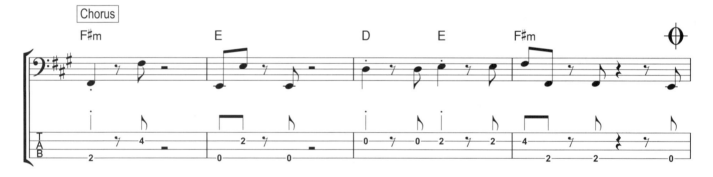

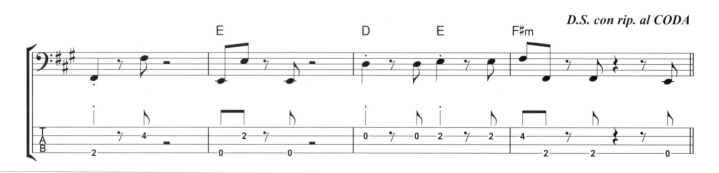

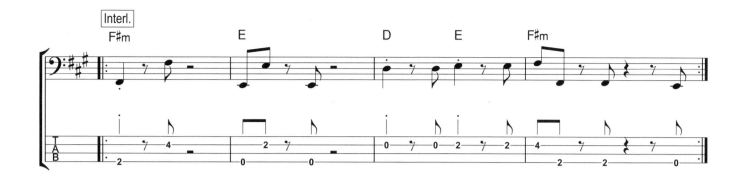

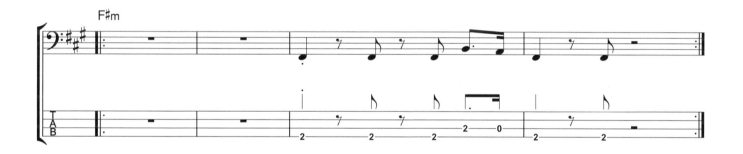

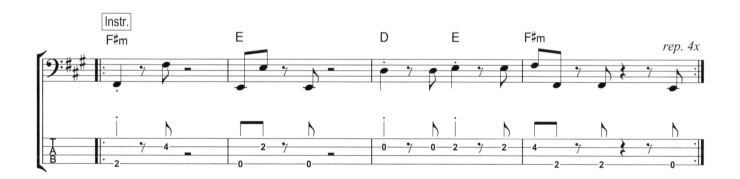

Respect

Aretha Franklin

Words & Music by Otis Redding

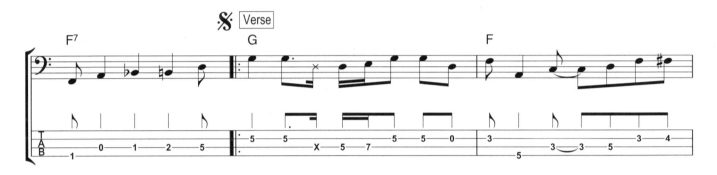

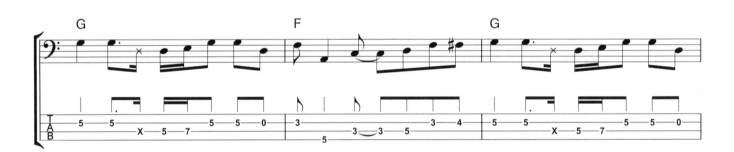

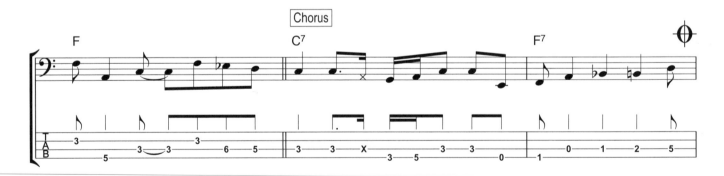

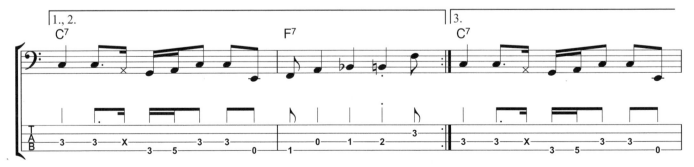

I Got You (I Feel Good)

James Brown

Words & Music by James Brown

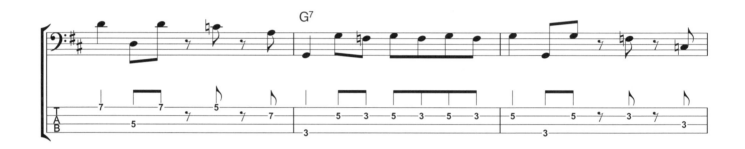

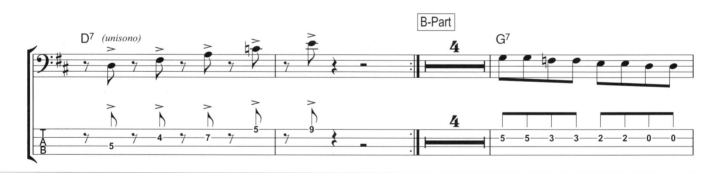

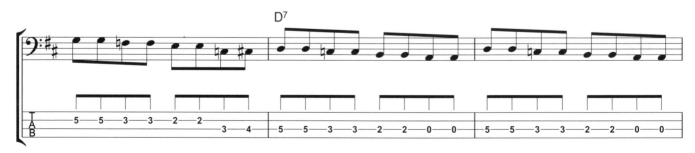

(Sittin' On The) Dock Of The Bay

Otis Redding

Words & Music by Otis Redding & Steve Cropper

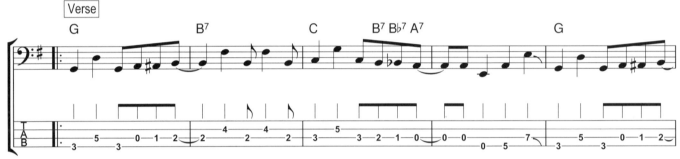

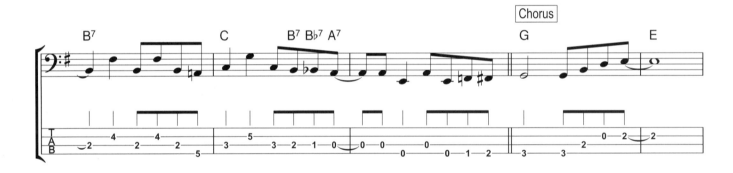

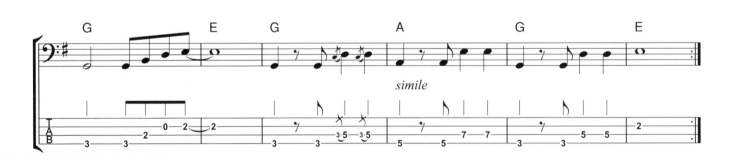

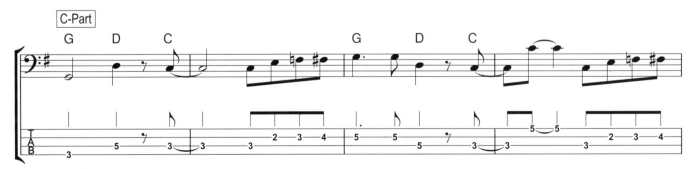

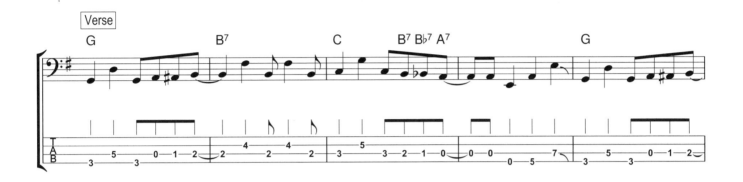

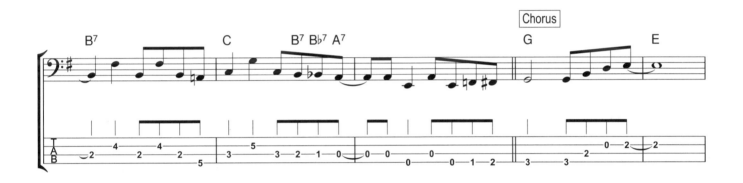

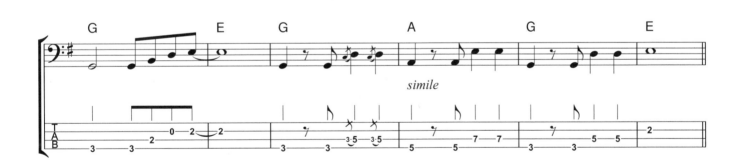

I Shot The Sheriff

Bob Marley & The Wailers

Words & Music by Bob Marley

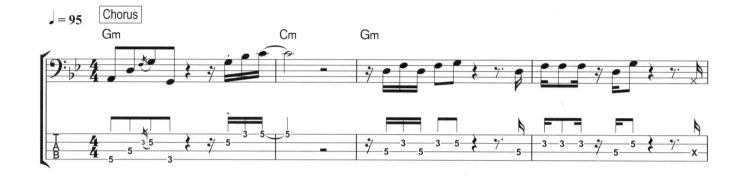

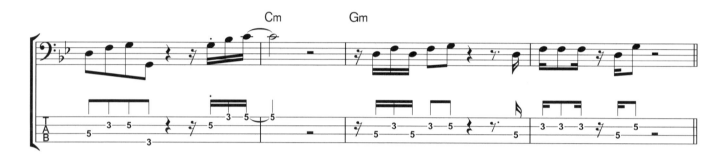

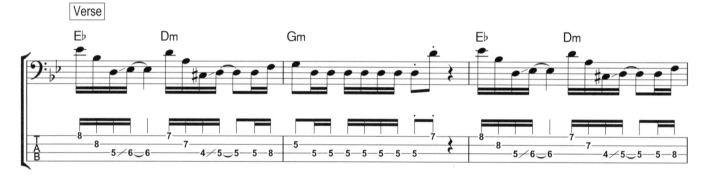

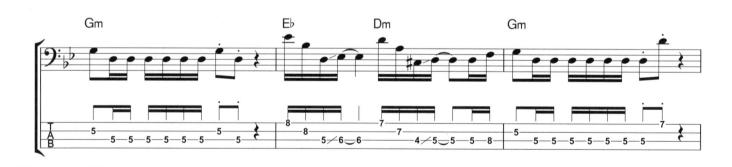

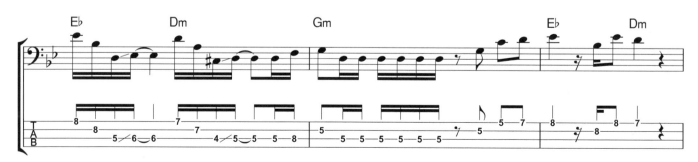

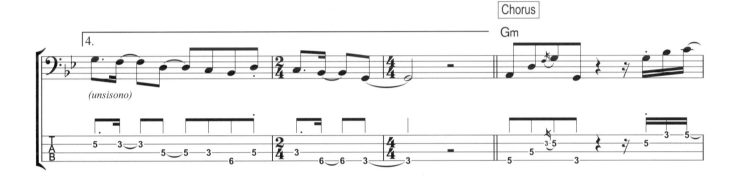

Waterloo

ABBA

Words & Music by Benny Andersson,
Stig Anderson & Björn Ulvaeus

Signed, Sealed, Delivered (I'm Yours)

Stevie Wonder

Words & Music by Lee Garrett, Lula Mae Hardaway, Stevie Wonder & Syreeta Wright

♩ = 109

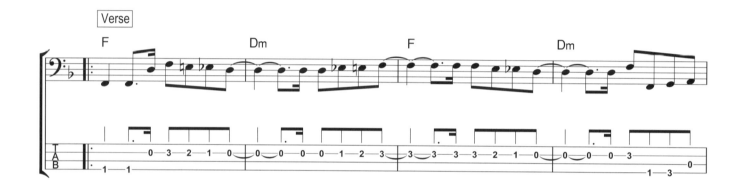

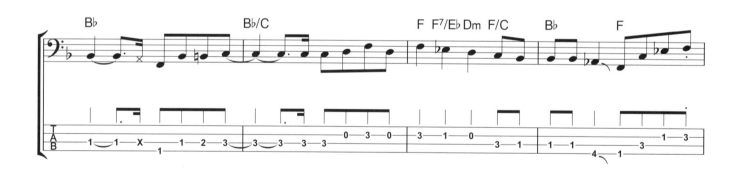

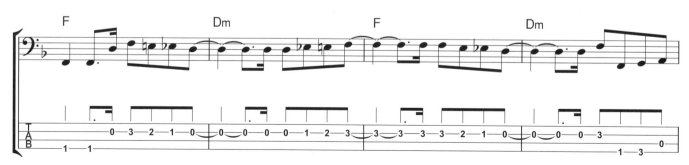

© Sawandi Music, Stone Agate Music, Black Bull Music, Jobete Music CO Inc.
EMI Songs Musikverlag GmbH / EMI Music Publishing Germany GmbH.

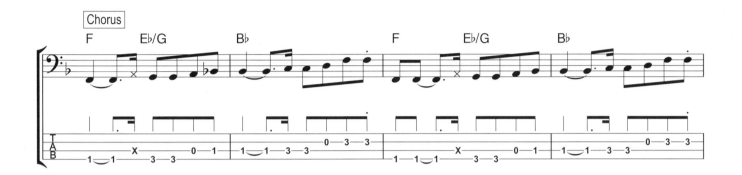

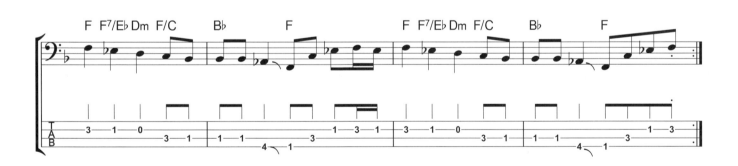

Ain't No Mountain High Enough

Marvin Gaye & Tammi Terrell

Words & Music by Valerie Simpson & Nickolas Ashford

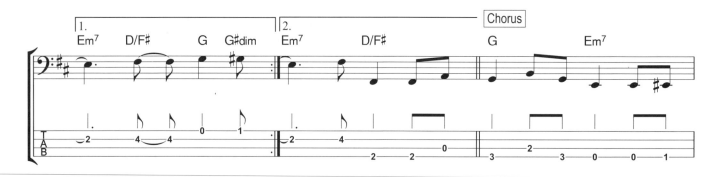

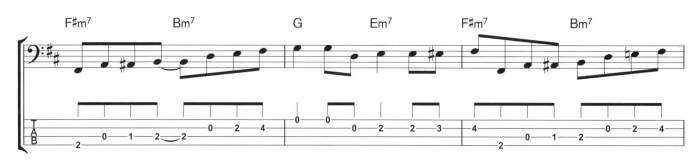

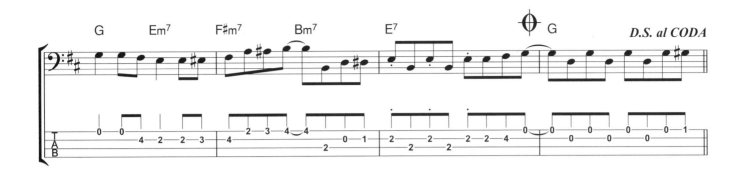

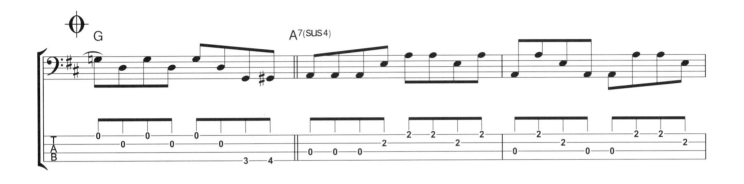

C-Part

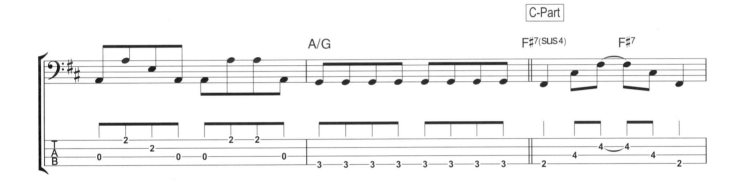

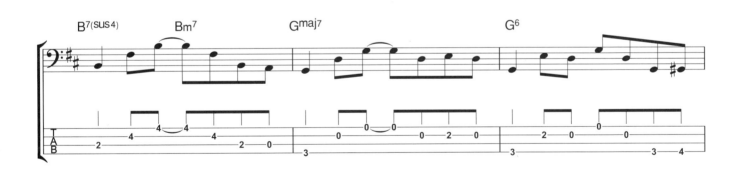

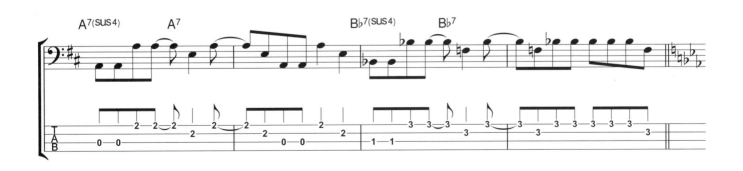

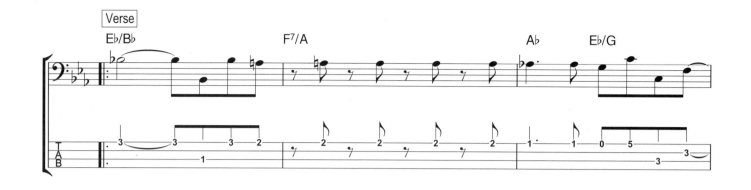

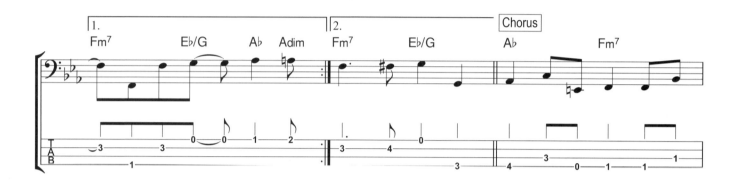

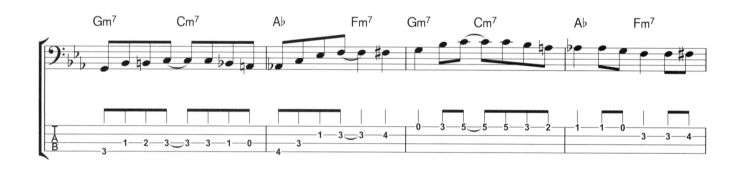

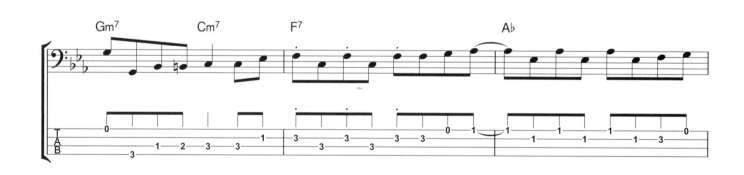

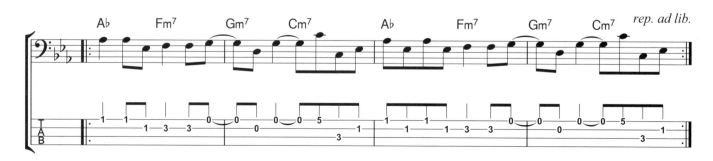

Sweet Home Alabama

Lynyrd Skynyrd

Words & Music by Ronnie Van Zant,
Ed King & Gary Rossington

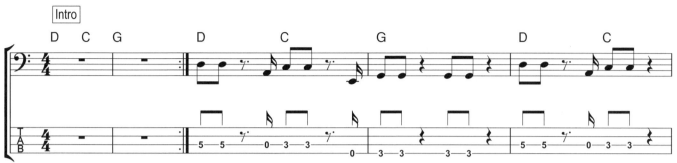

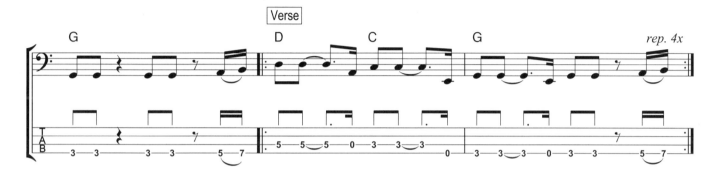

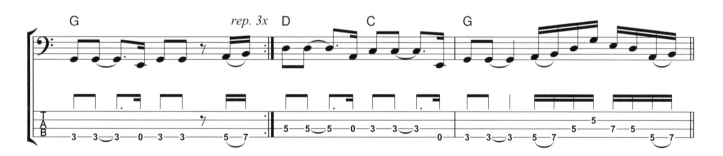

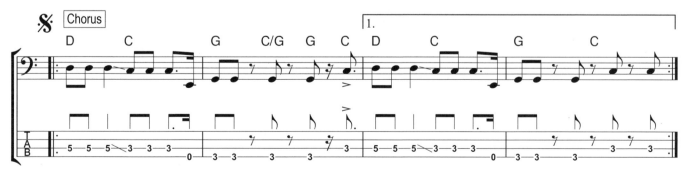

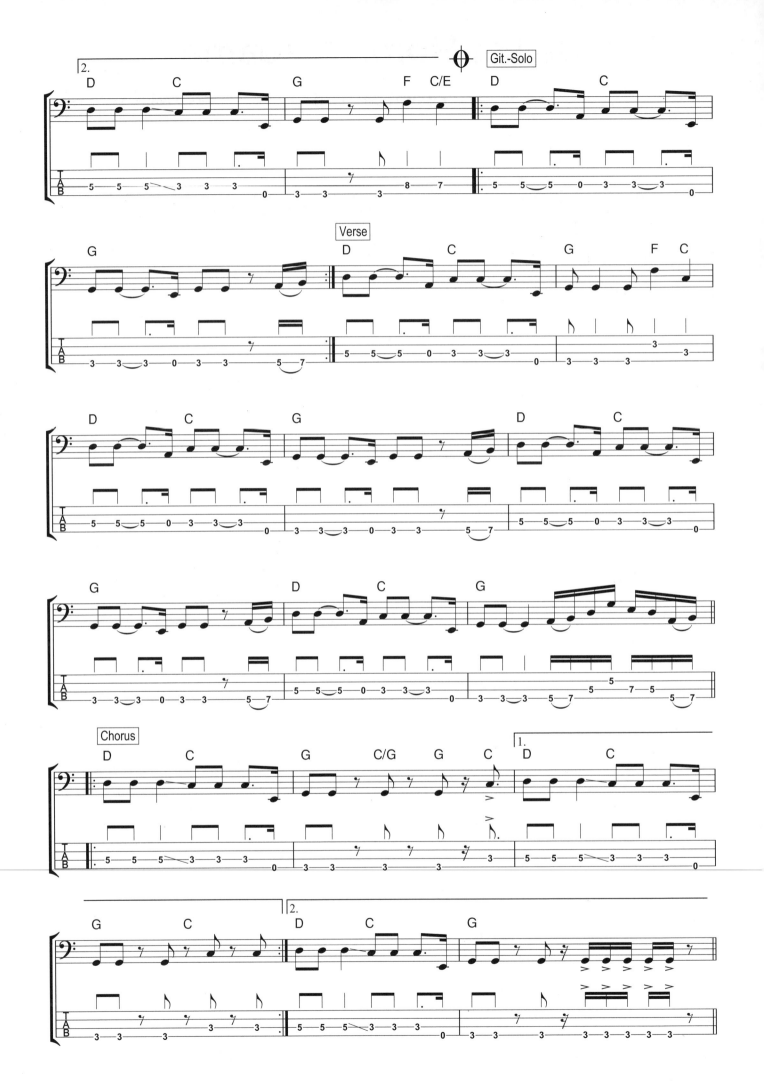

Could You Be Loved

Bob Marley & The Wailers

Words & Music by Bob Marley

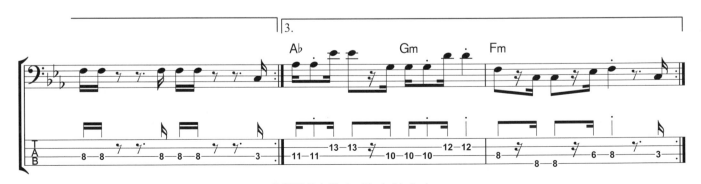

Rock With You

Michael Jackson

Words & Music by Rod Temperton

Eb-Stimmung

♩ = 115   Intro

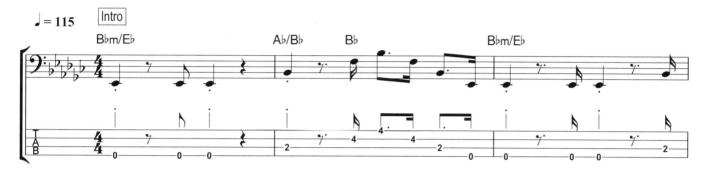

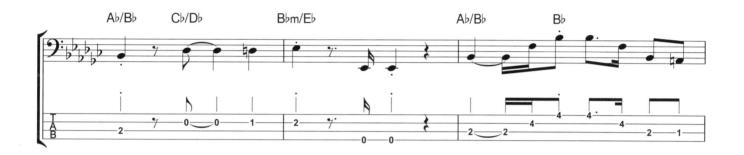

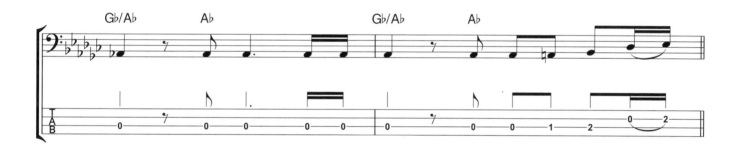

Verse

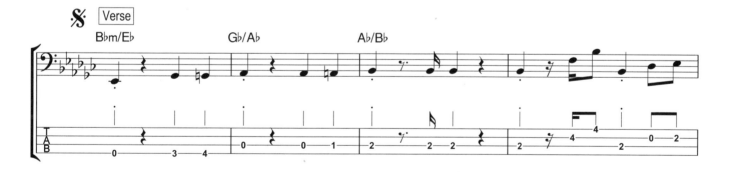

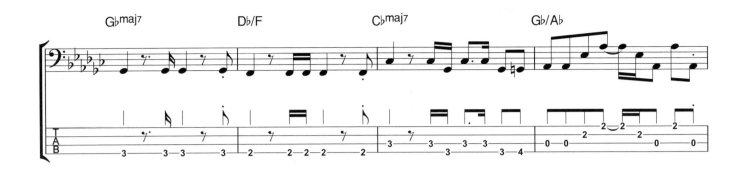

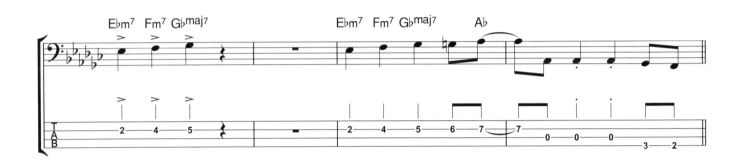

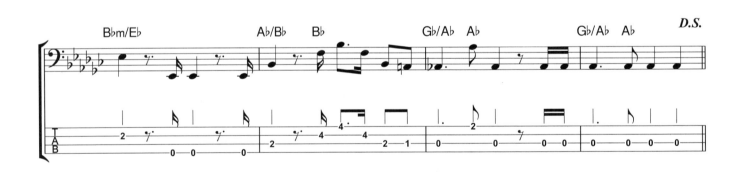

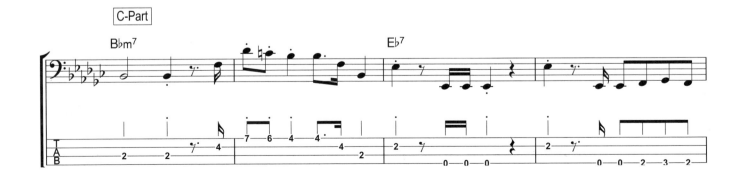

Crazy

Gnarls Barkley

Words & Music by Thomas Callaway, Brian Burton, Gianfranco Reverberi & Gian Piero Reverberi

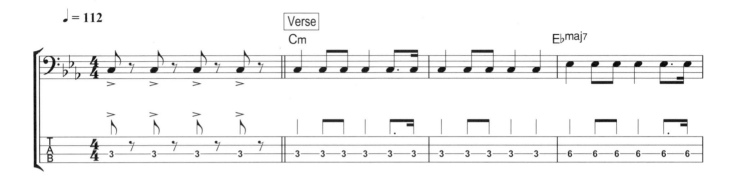

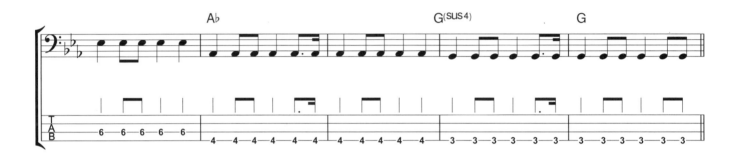

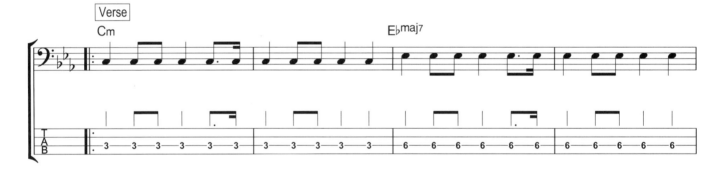

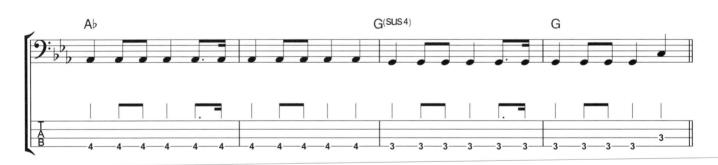

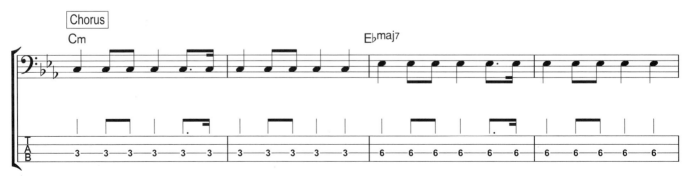

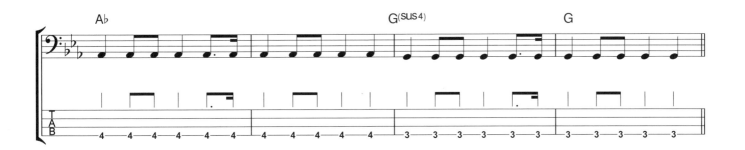

Verse

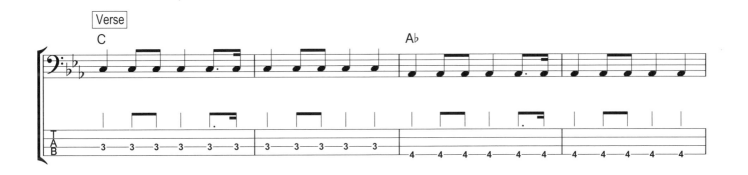

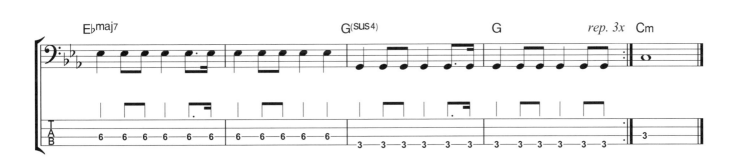

Easy Lover

Philip Bailey & Phil Collins

Words by Phil Collins;
Music by Phil Collins,
Nathan East & Philip Bailey

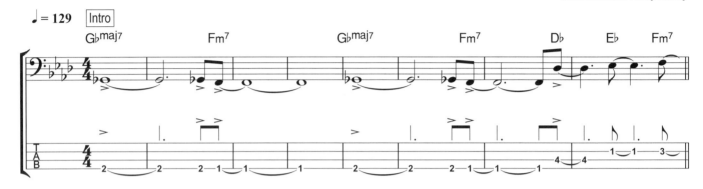

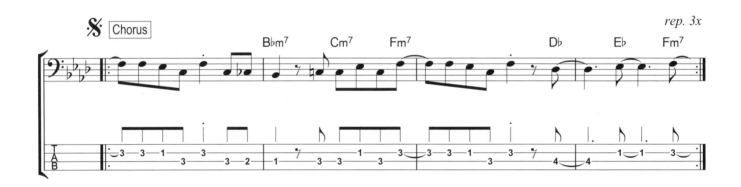

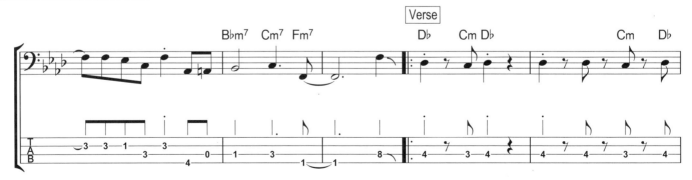

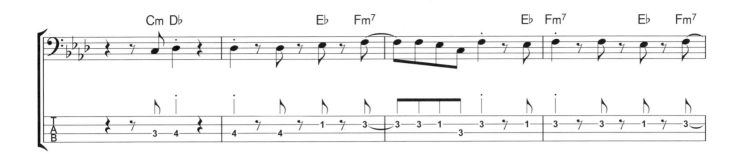

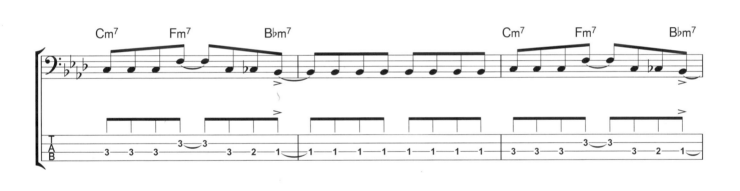

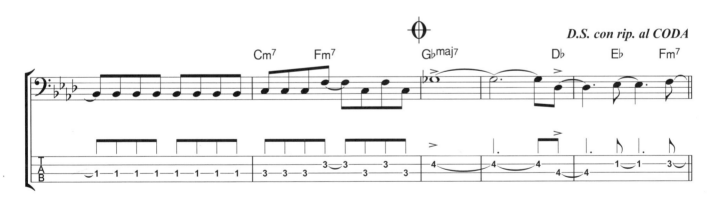

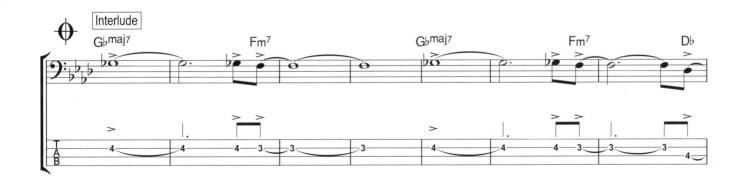

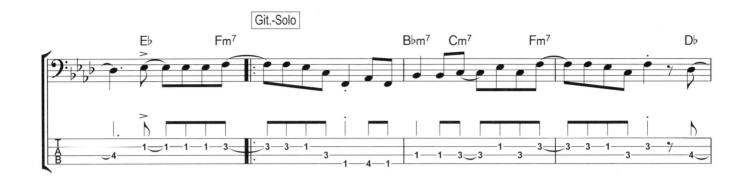

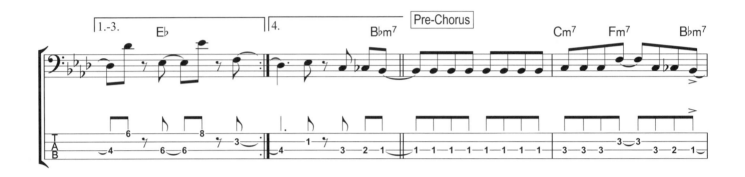

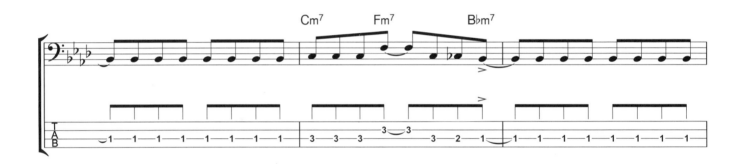

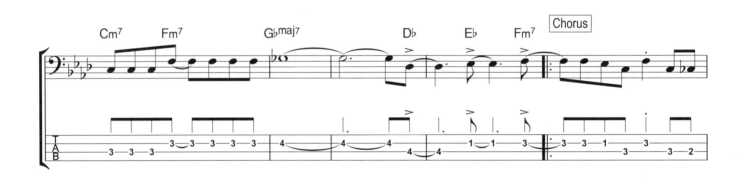

Saving All My Love For You

Whitney Houston

Words by Gerry Goffin;
Music by Michael Masser

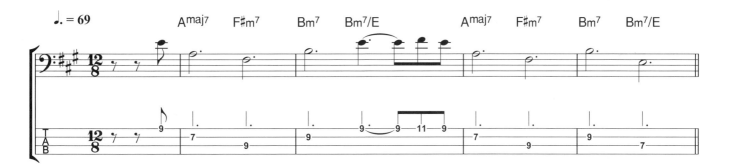

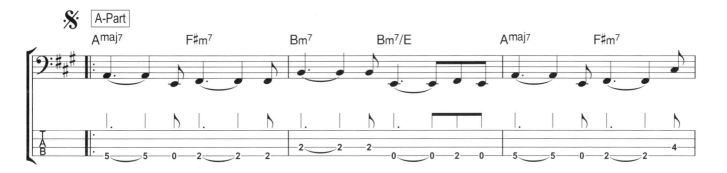

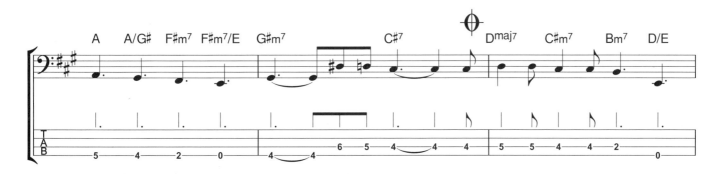

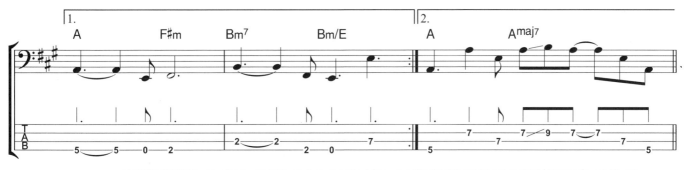

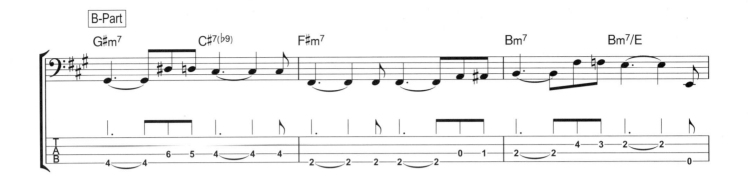

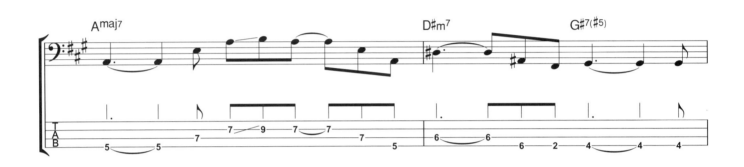

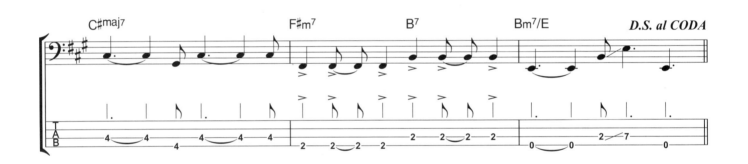

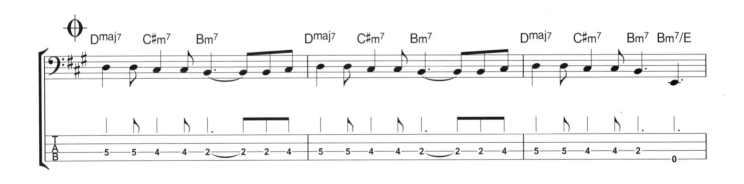

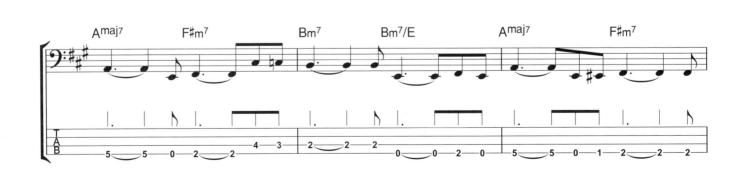

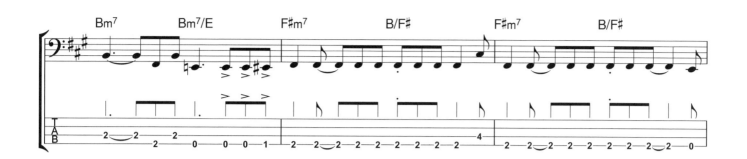

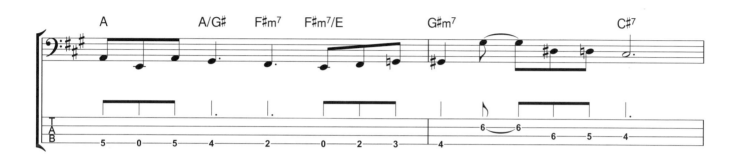

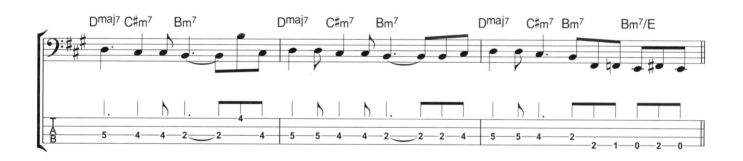

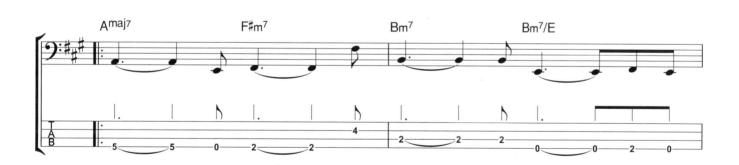

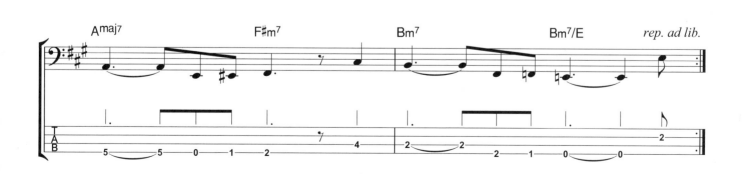

Get Lucky

Daft Punk

Words & Music by Thomas Bangalter,
Pharrell Williams, Christo Guy Manuel
De Homer & Nile Rodgers

Für 5-saitigen Bass

♩ = 116 Intro

Verse

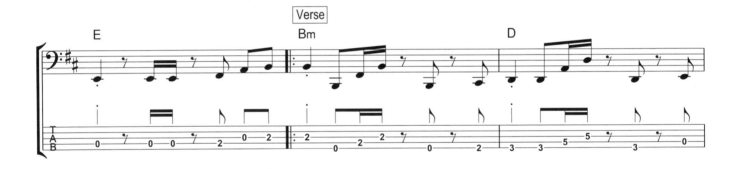

Pre-Chorus

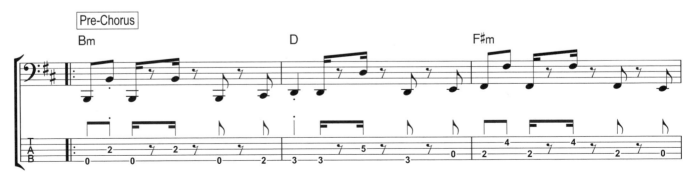

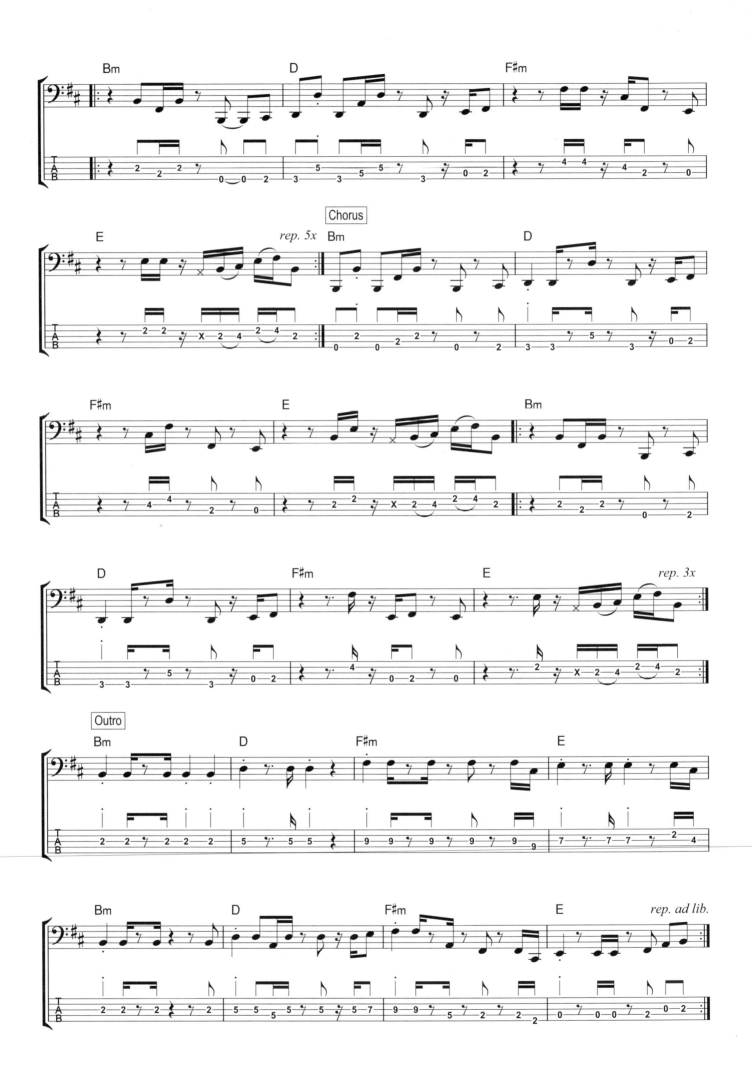

Happy

Pharrell Williams

Words & Music by Pharrell Williams

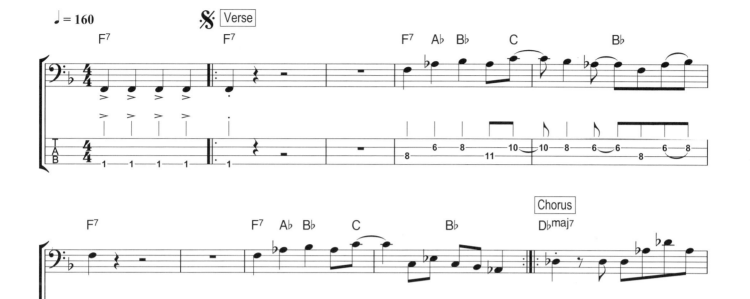

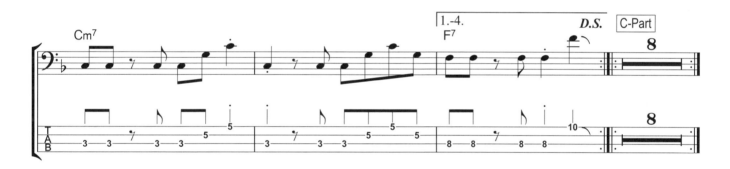

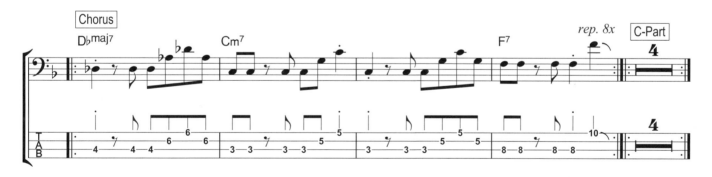

Rolling In The Deep

Adele

Words & Music by Paul Epworth & Adele Adkins

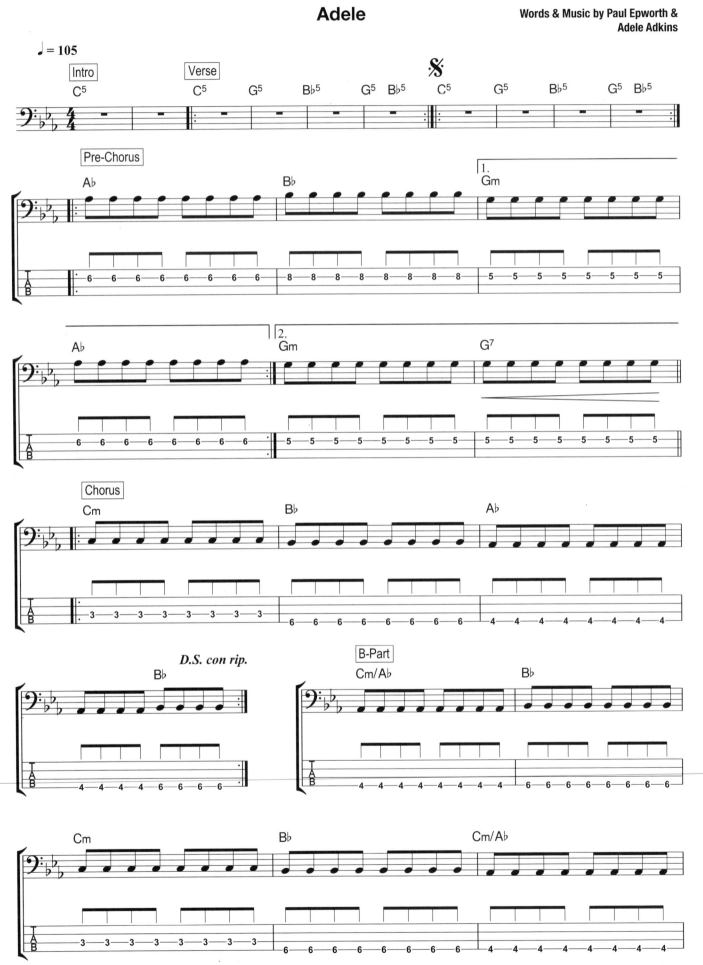

Faith

George Michael

Words & Music by George Michael

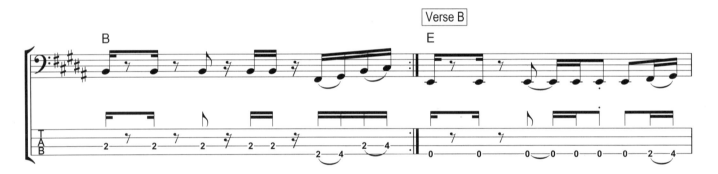

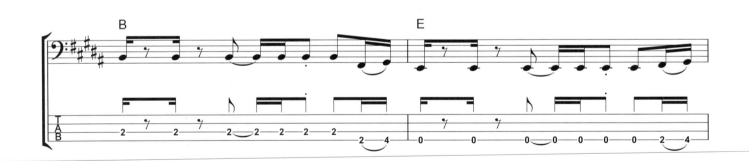

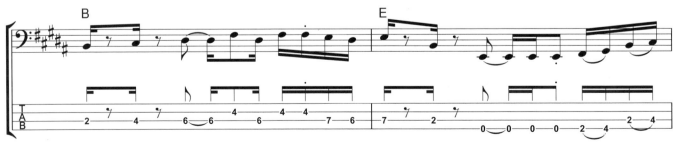

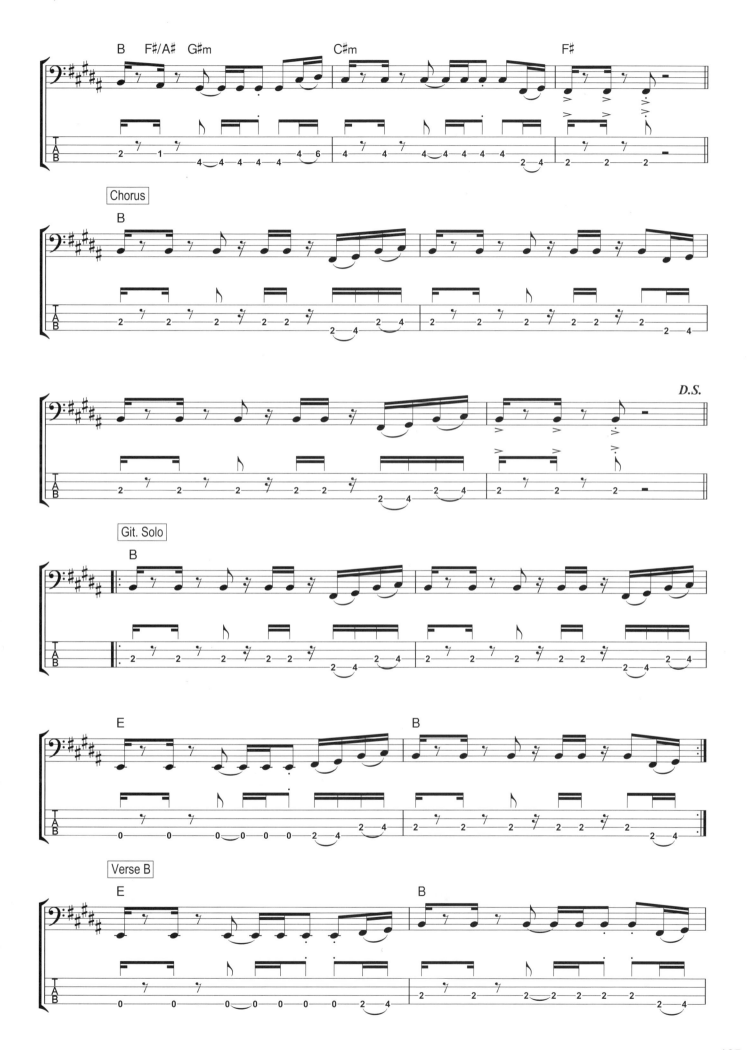

Chorus

Git. Solo

Verse B

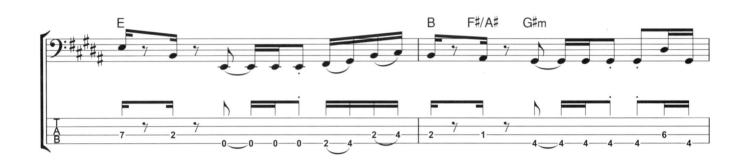

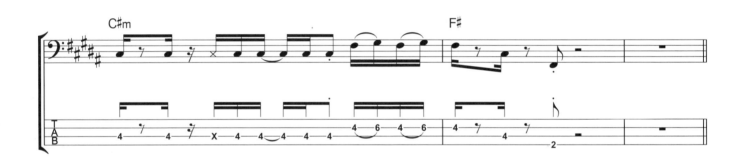

Chorus

Stir It Up

Bob Marley & The Wailers

Words & Music by Bob Marley

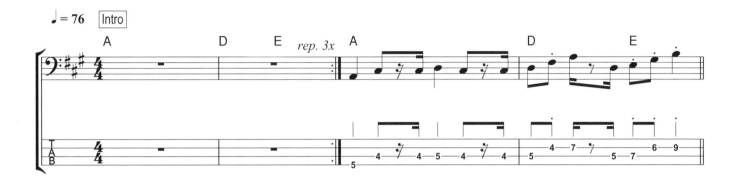

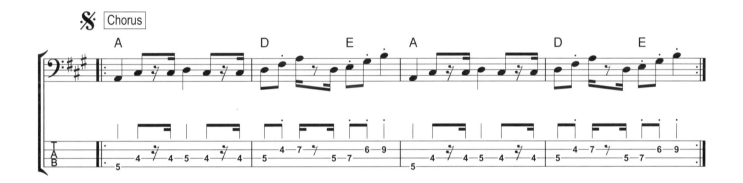

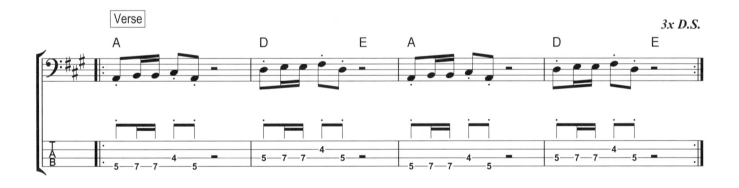

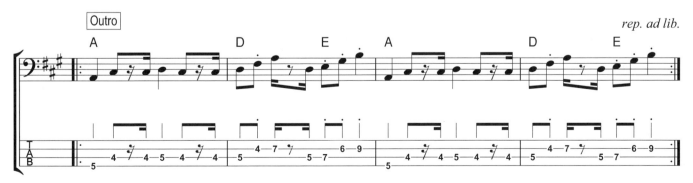

Georgy Porgy

Toto

Words & Music by David Paich

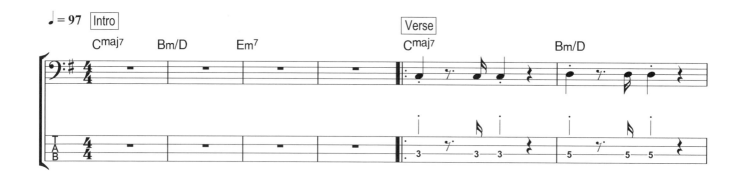

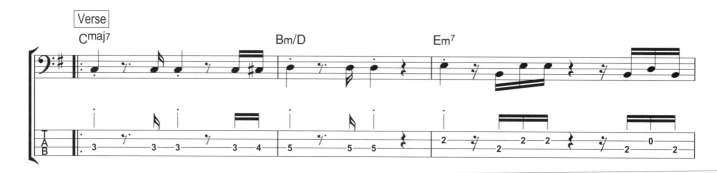

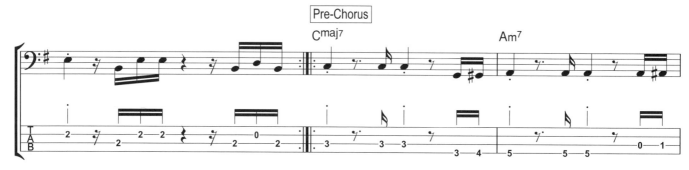

Smooth Operator

Sade
(Album Version)

Words & Music by Sade Adu &
Ray St. John

Get Up
(I Feel Like Being) A Sex Machine

James Brown

Words & Music by James Brown,
Bobby Byrd & Ronald Lenhoff

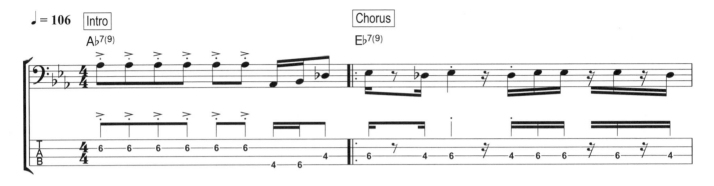

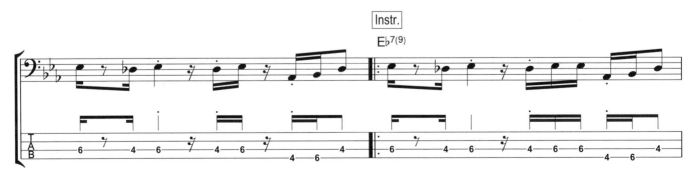

Chorus

$E\flat^{7(9)}$

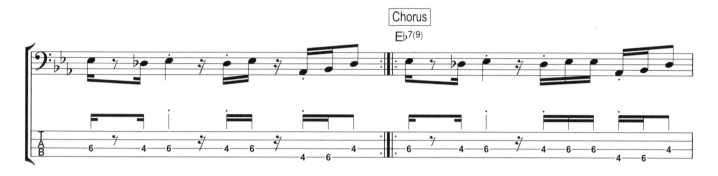

Verse

$E\flat^{7(9)}$

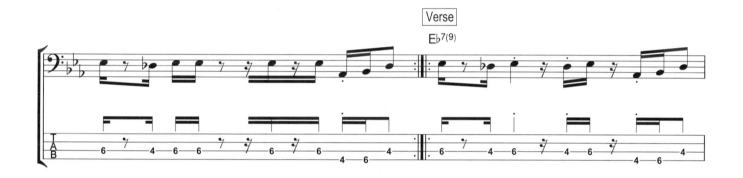

Chorus

rep. 5x $E\flat^{7(9)}$

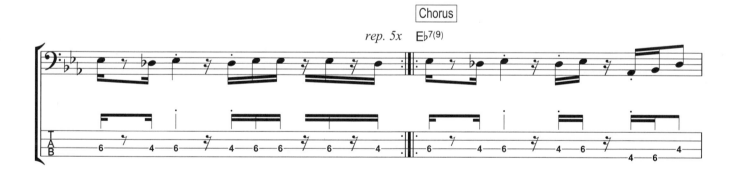

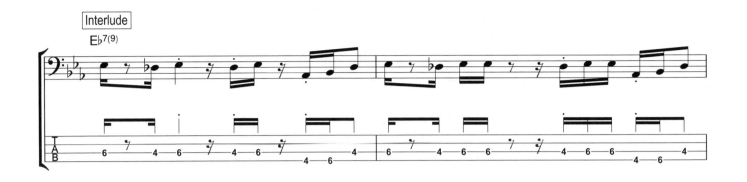

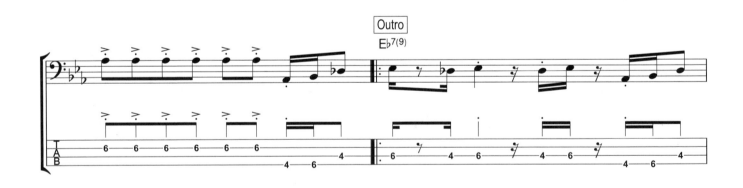

Hold Back The River

James Bay

Words & Music by Iain Archer &
James Bay

I Wish

Stevie Wonder

Words & Music by Stevie Wonder

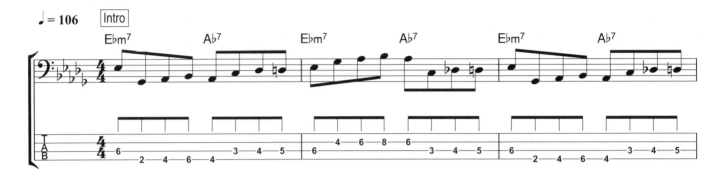

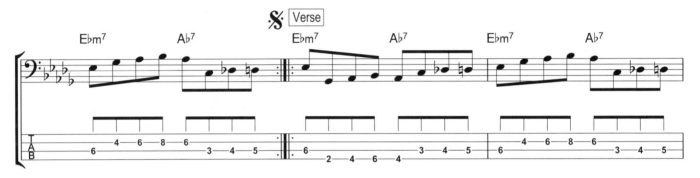

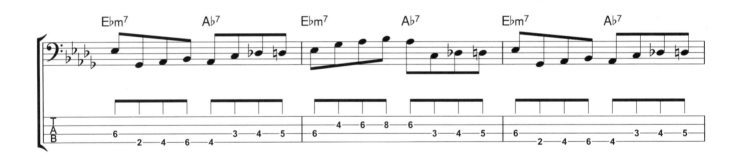

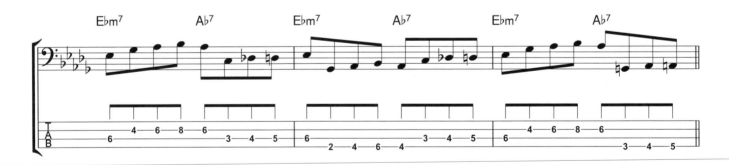

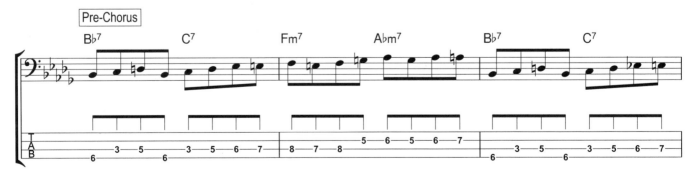

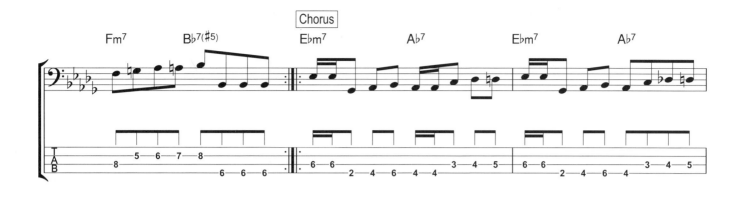

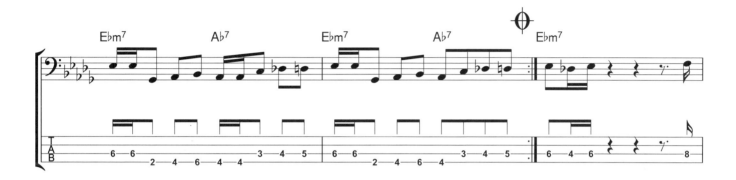

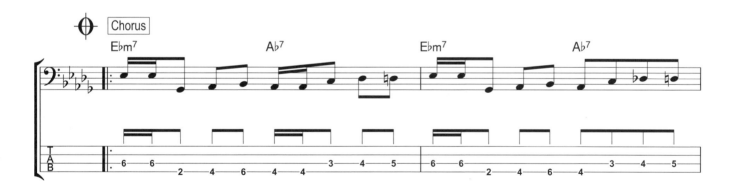

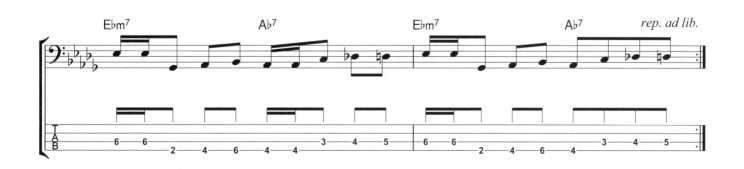

What's Love Got To Do With It

Tina Turner

Words & Music by Graham Lyle &
Terry Britten

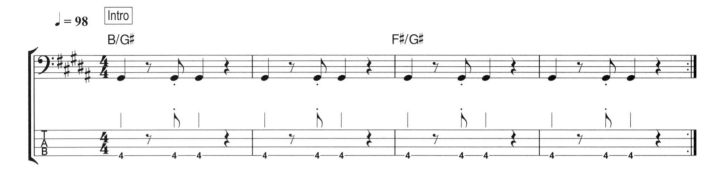

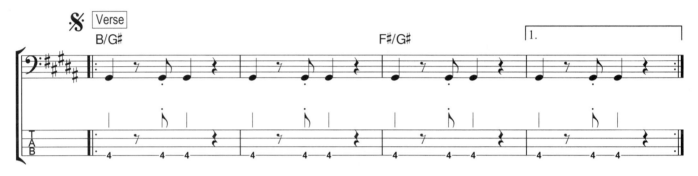

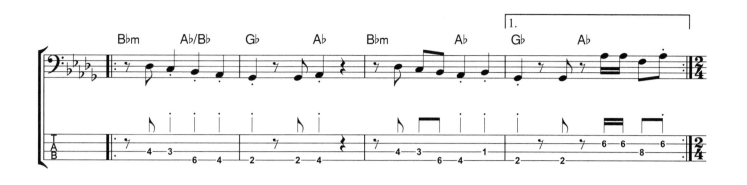

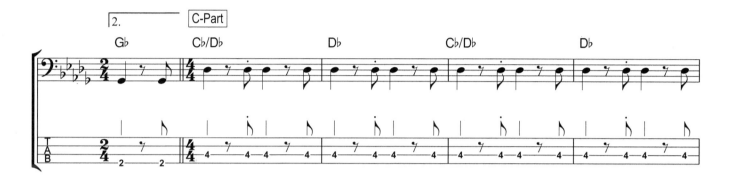

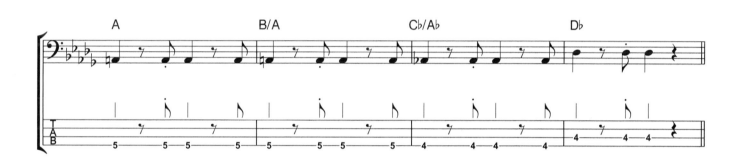

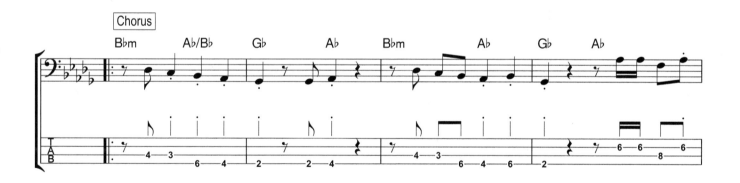

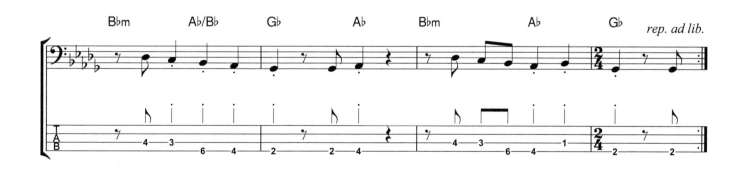

Proud Mary

Ike & Tina Turner

Words & Music by John Fogerty

♩ = 93 [Intro]

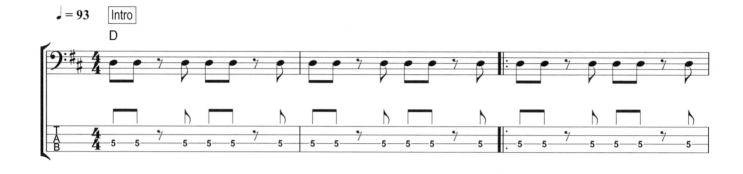

[Chorus]

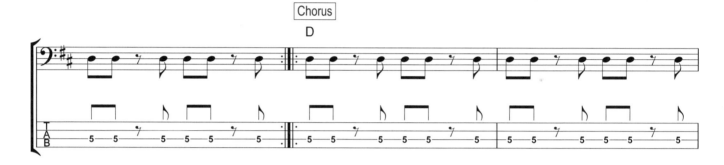

[Verse]

rep. 4x

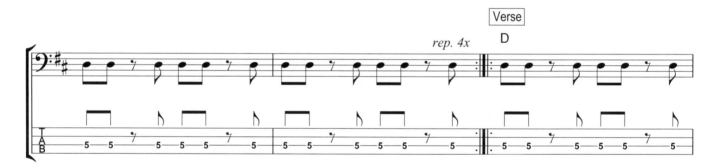

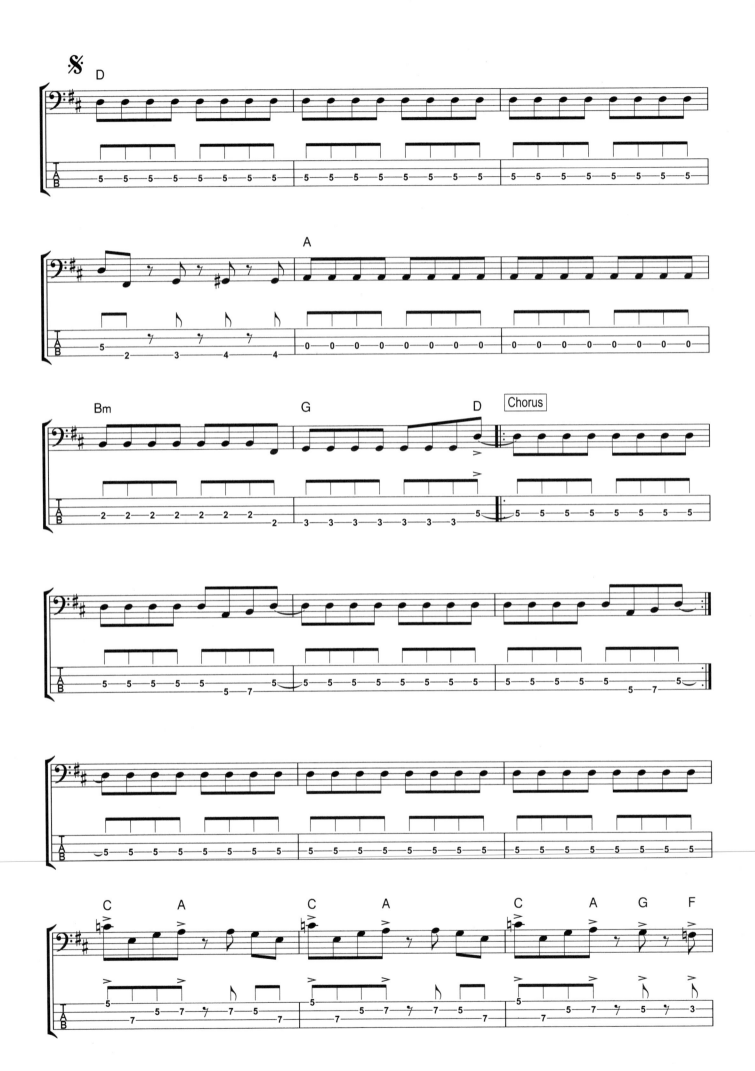

126

Ironic

Alanis Morisette

Words by Alanis Morissette
Music by Alanis Morissette &
Glen Ballard

Night Fever

Bee Gees

Words & Music by Barry Gibb,
Maurice Gibb & Robin Gibb

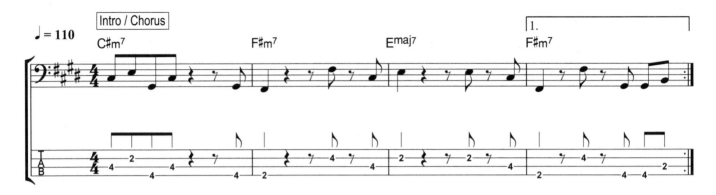

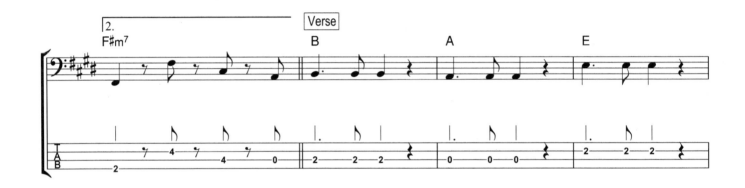

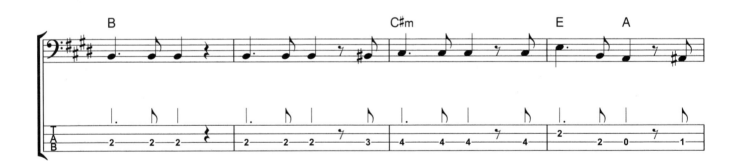

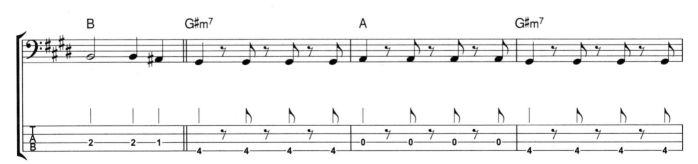

You're The First, The Last, My Everything

Barry White

Words & Music by Barry White, Sterling Radcliffe & Tony Sepe

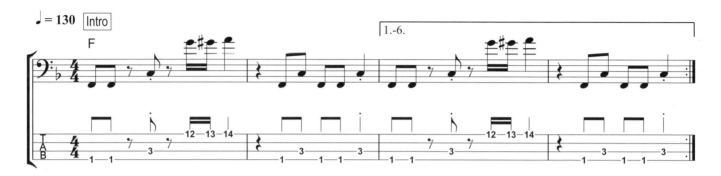

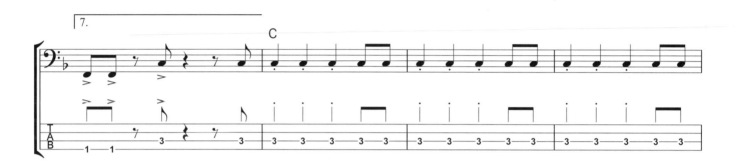

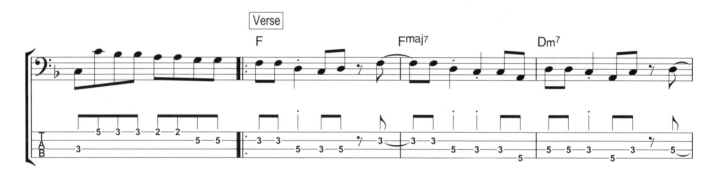

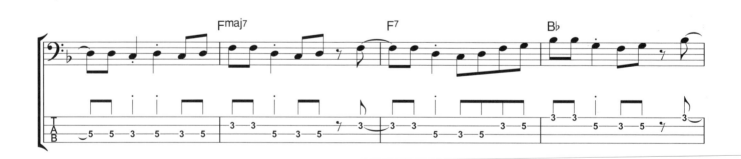

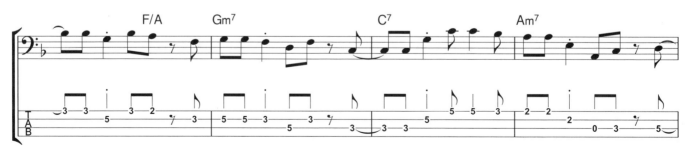

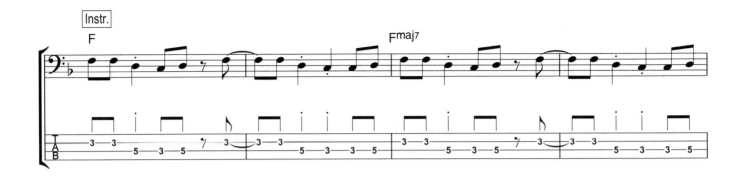

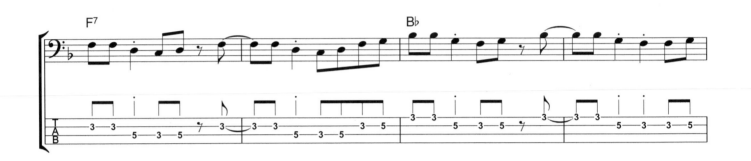

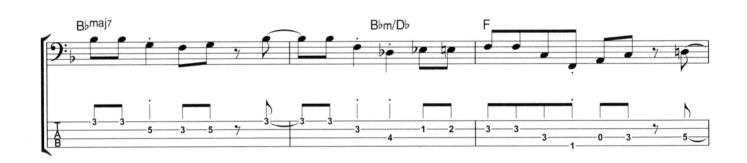

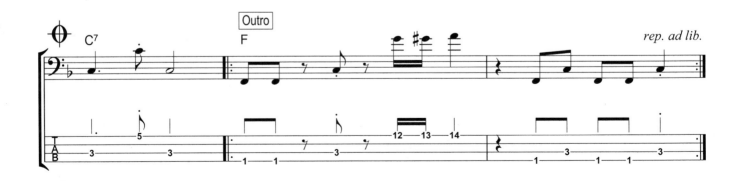